Staats- und socialwissenschaftliche Forschungen

herausgegeben

von

Gustav Schmoller.

Neunzehnter Band. Viertes Heft.

(Der ganzen Reihe fünfundachtzigstes Heft.)

B. Gurewitsch: Die Entwicklung der menschlichen Bedürfnisse und die sociale Gliederung der Gesellschaft.

Leipzig,

Verlag von Duncker & Humblot.

1901.

Die
Entwicklung der menschlichen Bedürfnisse
und
die sociale Gliederung der Gesellschaft.

Von

B. Gurewitsch.

Leipzig,
Verlag von Duncker & Humblot.
1901.

Inhaltsverzeichnis.

Einleitung.

Das Problem der Entwicklung der menschlichen Bedürfnisse hat in der Nationalökonomie, wie mir scheint, nicht die ihm gebührende Beachtung gefunden. Besonders aber vermissen wir in derselben eine eingehendere Untersuchung über den Zusammenhang und die Wechselwirkung, welche zwischen dem Phänomen der Bedürfnisentwicklung einerseits und dem der socialen Differenzierung andererseits zu bestehen scheint. Merkwürdigerweise unterliefs auch die österreichische Schule, die die Bedürfnisse in den Mittelpunkt aller ihrer socialökonomischen Untersuchungen gestellt und manche wertvolle Gedanken und Anregungen bezüglich der Bedeutung der Bedürfnisse im wirtschaftlichen Leben der Gesellschaft gegeben hatte, gerade auf das Problem der Bedürfnisentwicklung näher einzugehen [1].

Diese Abhandlung stellt sich zur Aufgabe, sowohl das Problem der Bedürfnisentwicklung näher zu prüfen wie auch die Lösung desselben, wenigstens in allgemeinen Umrissen, anzuzeigen.

Die Lösung dieses Problems scheint mir für die Socialökonomie um so wichtiger zu sein, als sie zugleich auch eine erkenntnis-theoretische Begründung des Princips des socialökonomischen Gleichgewichtes zu geben geeignet wäre, welches Princip für die socialökonomische Wissenschaft von der gröfsten Bedeutung ist. Damit hoffe ich einen, wenn auch noch so kleinen Beitrag zur Aufklärung der Grundprobleme der Socialökonomie geliefert zu haben.

[1] Vergl. C. Menger, Grundsätze d. Volkswirtschaftslehre. Wien 1871. Böhm-Bawerk, Grundzüge der Theorie des wirtschaftlichen Güterwertes im Jahrb. f. Nationalök. u. Statistik. Bd. 47, §§ 1—82 und §§ 477—541. v. Wieser, Der natürliche Wert. Wien 1887. Sax, Grundlegung der theoret. Staatswirtschaft.

I. Die Bedürfnisse.

1.

Jede zweckmäſsige menschliche Thätigkeit setzt irgend ein Bedürfnis voraus, dessen Befriedigung eben den Zweck dieser Thätigkeit bildet. Jedes konkrete Bedürfnis aber würde nicht als einfacher, sondern als ein höchst zusammengesetzter Seelenzustand aufzufassen sein, der intellektuelle, emotionelle und eigentliche Willenselemente in sich enthält. Wir können in jedem Bedürfnisse annähernd folgende Bestandteile unterscheiden:

a) Das Unlustgefühl oder richtiger ein Konglomerat von verschiedenen Unlustgefühlen, welche sich in einem einheitlichen Gefühl des Unbehagens und der Unruhe verschmelzen.

b) Das Streben, diesen unangenehmen Zustand zu beseitigen.

c) Das reproducierte schwache Lustgefühl, welches mit der vorausgegangenen Bedürfnisbefriedigung verknüpft war.

d) Das Streben, diesen Zustand der Lust wieder herzustellen.

e) Die Vorstellung des Objektes, das zur Beseitigung des Unlustgefühls und zur Herstellung des gewünschten angenehmen Seelenzustandes dient.

f) Die Erkenntnis des Zusammenhanges zwischen dem erwünschten Seelenzustande und dem Objekte, sei dasselbe ein Gegenstand oder eine Handlung, die diesen Zustand herbeiführen, — d. h. die Erkenntnis, daſs eben dieses bestimmte Objekt das gewünschte Resultat mit sich bringe.

g) Die repräsentative Association verschiedener Muskel- und Bewegungsempfindungen, die mit entsprechenden Tast- und Gesichtsempfindungen verknüpft sind, und die, zu einer bestimmten Handlung vereint, eben die Befriedigung des entsprechenden Bedürfnisses nach sich bringen.

Dieses in unserem Gedächtnis erwachende Bewegungsbild setzt unter dem Drucke des Bedürfnisses unsere potenzielle

Energie in wirkliche Bewegung um, die dann als zweckmäſsige Handlung vor unsere Augen tritt[1].

Fehlt in diesem seelischen Zustand, den wir als Bedürfnis kennzeichneten, irgend eines der aufgezählten Momente, so hört das Bedürfnis auf, als Motiv der menschlichen Handlung zu existieren, d. h. es hört auf, ein bestimmter Willensakt zu sein, der als solcher den jeweiligen menschlischen Handlungen ein bestimmtes Gepräge und Richtung verleiht; an Stelle des Bedürfnisses stellt sich eine gewisse kleinere oder gröſsere Zahl von vereinzelt und verworren auftretenden Seelenbewegungen ein, die als solche keine bestimmte zweckmäſsige Bethätigung des Menschen hervorrufen, öfters sogar nicht einmal als bewuſste Seelenzustände sich kundgeben, sondern als potenzielle, verborgene Regungen ein schattenhaftes Dasein unter der Schwelle unseres Bewuſstseins führen. Was bleibt z. B. vom Gefühle der Unlust, wenn wir ihm die mit ihm verknüpften Erkenntniselemente wegnehmen? „Ein Gefühl der Unlust —“ sagt Höffding, „wird naturgemäſs eine Association mit der Vorstellung dessen eingehen, was beim Entstehen des Lust- oder Unlustgefühls eine Rolle spielt und zu spielen scheint, also der wirklichen oder anscheinenden Ursache derselben. Bevor eine solche Association eintritt, hat das Gefühl keine Richtung oder kein Objekt, ist also kein Gefühl als etwas für etwas.“ „Sobald erst das Gefühl wegen der Verbindung mit der Vorstellung von dessen Ursache einen bestimmten Gegenstand und eine bestimmte Richtung erhält, nimmt der Zustand einen aktiven Charakter an, so daſs es unmöglich wird, Gefühl und Willen scharf von einander zu sondern.“ „Ohne Verbindung mit Vorstellungselementen bleibt bloſs ein ziemlich vages unbestimmtes Gefühl, das sich in dem Gewirr der Seele verliert, bezw. mit anderen Seelenzuständen vermengt und niemals zu einem deutlichen, erkennbaren psychischen Prozesse erstehen kann.“[2] Allerdings setzt jedes Lustgefühl, besonders aber

[1] „Wollen scheint mir vor Allem etwas Kompliziertes, etwas, das nur als Wort eine Einheit ist. Zu jedem Wollen ist erstens eine Mehrheit von Gefühlen, nämlich das Gefühl des Zustandes, von dem weg, das Gefühl des Zustandes, zu dem hin, das Gefühl von diesem „weg“ und „hin“ selbst, dann noch ein begleitendes Muskelgefühl, welches, auch ohne daſs wir „Arme und Beine“ in Bewegung setzen, durch eine Art Gewohnheit, sobald wir wollen, sein Spiel beginnt. Wie also . . . vielerlei Fühlen als Ingredienz des Willens anzuerkennen ist, so zweitens auch noch Denken: in jedem Willensakte giebt es einen kommandierenden Gedanken etc. etc.“ Fr. Nietzsche, Jenseits von Gut und Böse. Leipzig 1900. § 19, S. 28. Siehe auch G. Schmoller, Grundriſs der allg. Volkswirtschaftslehre I. Leipzig 1900. S. 20—26. Sax, Grundlegung der theor. Staatswirtschaft. Wien 1887. §§ 28, 29 ff.

[2] H. Höffding, Psychologie. Zweite Ausgabe, übersetzt von Bendixen. Leipzig 1893. S. 321 ff., auch S. 305 ff.

jedes Unlustgefühl den Organismus des Menschen unwillkürlich in Bewegung, aber auch dieser Vorgang ist entweder ein rein organischer Prozess, der durch den Bau des Organismus und durch die in demselben enthaltene physische Energie bedingt ist, oder aber diese Bewegung offenbart sich als eine instinktive, d. h. als Folge vererbter unbewufster Associationen gewisser Lust- oder Unlustempfindungen mit entsprechenden und angepafsten Bewegungen, läfst sich demgemäfs oft auf vorausgegangene bewufste Seelenprozesse zurückführen. Von eigentlichen Bedürfnissen und zweckmäfsigen Handlungen kann in diesem Falle keine Rede sein. So erzeugen Hunger, Kälte, Nässe etc. etc. in der Seele des Neugeborenen einen Seelenzustand, der sich in impulsiven und instinktiven Bewegungen manifestiert. Dieser Zustand ist aber weit entfernt davon, als ein Motiv der kindlichen Bewegungen zu gelten, und diese Bewegungen sind eo ipso in keinem Falle als zweckmäfsig gewählte zu betrachten. Der unruhige Zustand der Neugeborenen läfst sich nicht als ein Begehren charakterisieren. „Begehren in gewöhnlichem Sinne“ — belehrt uns W. Preyer — „setzt Vorstellung voraus ... Wenn man vom Neugeborenen sagt, es begehre etwas, so ist diese Ausdrucksweise falsch ... In Wahrheit ist aber das Verfahren des Neugeborenen wie das des Ungeborenen verständlich, wenn man bedenkt, dafs, bei gröfserer Erregbarkeit der nervösen Centralorgane im Rückenmark und verlängerten Mark, nicht allein Reflexe — nach Abkühlung: Nässe und dergl. — leichter und häufiger zu stande kommen, sondern auch instinktive Bewegungen wie Saugen und namentlich impulsive Bewegungen sich häufen, z. B. Schreien. Nun ist aber beim Hunger und anderen Unlustgefühlen in der That jene Erregbarkeit gesteigert, nach Beseitigung der Unlustursachen verringert, dann auch die Beweglichkeit vermindert. So verhält sich das Kind, als ob es begehrte, und doch begehrt es nichts. Aber die Wiederholungen des Wechsels grofser Motilität bei Unlust, geringerer bei Lust, hinterläfst Spuren in den Centralorganen, welche die Association der Bewegungserinnerungen mit dem die Unlust beseitigenden sinnlichen Eindruck ermöglichen oder begünstigen. Dann wird das Unlust Beseitigende wahrgenommen und vorgestellt und hierauf erst die begehrende Bewegung gemacht[1].

Hier sehen wir also, welche eigenartige Voraussetzungen schon die allereinfachsten Bedürfnisse des neugeborenen Kindes zu ihrer Entstehung erheischen. Die Vorstellung des Lustzustandes, die bei der Sättigung des Kindes in seiner Seele entstanden ist, verknüpft sich zugleich mit der des Objektes,

---

[1] W. Preyer, Die Seele des Kindes. 2. Aufl. 1884. § 150 ff. Vergl. auch W. Wundt, Grundzüge der physiologischen Psychologie. 4. Aufl. 2. Bd. Leipzig 1893. S. 510.

durch welches der Hunger beseitigt wurde — in diesem Falle die Milch — und auch mit der Erinnerung derjenigen Bewegungen — z. B. die des Weinens — Schreiens —, welche zur Erlangung des betreffenden Lustzustandes geführt haben — und erst durch diese Verknüpfung verschiedenartiger Vorstellungen entsteht in der kindlichen Seele ein höchst komplizierter Prozefs, der sich zu einem wirklichen Bedürfnisse, zu einem zweckmäfsigen Begehren erhebt.

Höffding betont ausdrücklich, dafs in jedem Begehren das objektive Moment die Hauptsache sei:

„Der Trieb wird wesentlich durch eine Vorstellung bestimmt, ist ein Trachten nach dem Inhalt dieser Vorstellung. Im Hunger z. B. gilt der Trieb vor allen Dingen der Nahrung selbst, nicht dem Gefühl der Lust beim Verzehren der Nahrung. Der Trieb der Erkenntnis ist nicht auf die Freude am Erkennen, sondern auf die Erkenntnis selbst gerichtet, diese ist das Gewollte.“ [1]

Es muss aber zu diesem an sich richtigen Gedanken noch hinzugefügt werden, dafs auch ohne die Vorstellung der zur Befriedigung eines Bedürfnisses nötigen Bewegungen, kein eigentliches Bedürfnis denkbar ist, welches als Motiv der menschlichen Handlung erst seinen eigentümlichen Charakter erhält; denn, erstens, ist jedes befriedigte Bedürfnis ohne irgend welche Bewegungen, als deren Resultat die Befriedigung desselben entstand, gar nicht möglich, und, zweitens, bilden ja diese mit der Befriedigung der Bedürfnisse verknüpften Bewegungserinnerungen den Ausgangspunkt einer zweckmäfsigen Handlung, ohne welche das Bedürfnis als Beweggrund der menschlichen Thätigkeit nicht auftreten konnte.

Denselben Gedanken vertritt auch Schmoller in seiner Lehre „von den menschlichen Trieben[2]“.

„Die heute vorhandenen, in bestimmter Art auftretenden Triebe dürfen wir deshalb noch nicht als etwas ganz Unveränderliches, mit der Menschennatur von jeher an sich Gegebenes betrachten ... Aus den Erfahrungen, Erinnerungen und Erlebnissen von Jahrtausenden, aus den körperlichen und geistigen Umbildungen ist der heutige Trieb, Nahrung aufzunehmen, entstanden, der in gewissem Sinne freilich als elementare, konstante Kraft, auf der anderen Seite aber in seinen Aufserungen doch als etwas historisch Gewordenes erscheint.“

Dafs in jedem Bedürfnisse die Vorstellung von der zu diesem Zwecke notwendigen Handlung enthalten ist, hebt A. Wagner hervor in seiner Analyse des Bedürfnisses:

Das unbefriedigte Bedürfnis — erklärt Wagner — ruft Gefühle des Unbehagens, der Unlust hervor und erweckt

---

[1] A. a. O. S. 443.
[2] Grundrifs etc. S. 26.

gerade dadurch den Befriedigungstrieb, d. h. regt zu Thätigkeiten, Handlungen an, deren Zweck instinktiv, wie beim Tiere und auch dem kleinen Kinde, auch bei dem Menschen in besonderen anormalen Lagen, oder bewufst, wie beim normalen entwickelten Menschen, auf Befriedigung der Bedürfnisse und Beschaffung der geeigneten Mittel oder Güter dafür hinausgeht. Die Befriedigung der Bedürfnisse ist dann mit Behagen, mit Lustgefühlen verbunden. Die Erfahrung in Bezug auf die Bedürfnisse bei der Befriedigung, das Vorschweben derselben in der Erinnerung wirkt auf den Befriedigungstrieb im bewufst handelnden Menschen anspornend ein und giebt demselben die Richtung seiner Bethätigung[1].

Nur weil wir Erfahrungen gemacht haben, die nur der Mechanismus der Erinnerung uns wieder vorführt, sodafs die Vorstellungen der Bewegungen oder der Gegenstände, die früher die Lust verlängerten oder die Unlust verkürzten, jetzt dem Bewufstsein wiederkehren, nur dadurch geht das Gefühl in eine Bewegung über, die auf die Wiedererlangung dieser günstigen Umstände gerichtet ist[2].

Ein Bedürfnis würde demnach zu definieren sein als ein auf die Erlangung eines bestimmten Objektes, sei es ein Gegenstand oder eine Leistung, gerichtetes Begehren, und zwar eines Objektes, das geeignet ist, die Beseitigung von Unlust bezw. die Erzeugung von Lust zu erzielen. Das Objekt des Bedürfnisses bestimmt eben den abgegrenzten Inhalt und den einheitlichen Charakter dieses Seelenprozesses, und erst durch die Vorstellung der Bewegungselemente tritt das Bedürfnis als bewegende und regulierende Kraft in der menschlichen Thätigkeit hervor[3].

2.

Wir haben also gesehen, dafs jedes Unlust- und Lustgefühl, welches sich in einem Bedürfnisse manifestiert, seinen bestimmten inhaltlichen Charakter erst durch das Objekt der Befriedigung bekommt, und dafs es gewöhnlich eine Summe von Lust- und Unlusterregungen, die auf verschiedene elementare Triebe

[1] Handb. d. Pol. Oek. I. Bd. 3. Aufl. S. 76.

[2] Lotze, Mikrokosmus. Bd. II. 4. Aufl. 1885. S. 286—287.

[3] R. Stammler (Wirtschaft u. Recht. Leipzig 1896. S. 141) definiert das Bedürfnis als ein auf Erzeugung von Lust und Abwehr von Unlust gerichtetes Begehren, unterläfst also das objektive Moment zu betonen und sieht damit von einem wesentlichen Moment des Bedürfnisses ab. Schmoller dagegen betont dieses Moment ausdrücklich. „Als Bedürfnis bezeichnen wir jede mit einer gewissen Regelmäfsigkeit und Dringlichkeit auftretende gewohnheitsmäfsige, aus unserem Seelen- und Körperleben entspringende Notwendigkeit, durch eine Berührung mit der Aufsenwelt unsere Unlust zu bannen, unsere Lust zu mehren.“ A. a. O. S. 23. Dagegen siehe Philippovich, Grundrifs der pol. Oekon. Bd. I. Freiburg i. B. 1899. S. 3 ff.

zurückzuführen sind, umfafst. Denn jedes Objekt, das zur Befriedigung menschlicher Bedürfnisse dient, befriedigt gewöhnlich zu gleicher Zeit mehrere Elementartriebe, wie den Erhaltungs-, Schönheits-, Associationstrieb etc. etc.[1]. Erst durch die verschiedenartigen Befriedigungsobjekte wird eine verschiedenartige, unendlich mannigfache Integrierung und Differenzierung der Elementartriebe ermöglicht, was eine beständige Vermehrung, Vervielfältigung, Verfeinerung der menschlichen Bedürfnisse zur Folge hatte. Kein Geringerer als W. Roscher hat auf diese eigentümliche Entwicklungsfähigkeit der Bedürfnisse und auf die Ursache derselben hingewiesen. „Auf jeder höheren Stufe pflegt sich der Gebrauch der Güter nach den verschiedenen Eigentümlichkeiten derselben und den verschiedenen Bedürfnissen der Menschen in immer speciellere Äste zu spalten; ein Vorgang, welcher nach Ursache und Wirkung mit der Arbeitsgliederung nahe verwandt ist. Ich rede hier von einem Principe der Gebrauchsteilung (Differenzierung und Specialisierung).“ [2] Einige Beispiele mögen zur Veranschaulichung dieses Gedankens dienen.

Das Nahrungsbedürfnis gehört unbestreitbar zu den sogenannten niederen, materiellen Bedürfnissen. Die Befriedigung desselben hat scheinbar, wenigstens auf den niedersten Stufen der menschlichen Kultur, den ausschliefslichen Zweck, die Integrität von Leib und Leben zu erhalten. Dennoch führt uns die nähere Bekanntschaft mit der Befriedigungsweise des Nahrungsbedürfnisses bei den Völkern auf der niedersten Kulturstufe auf den Gedanken, dafs die Nahrungsmittel derselben nicht nur dem Erhaltungstriebe, sondern auch höheren, socialen und ästhetischen Trieben Genüge thaten. Dafs die primitive Nahrungsbefriedigung nicht blofs allein dem Erhaltungstrieb diente, sondern auch sociale Momente enthielt, zeigt schon die Thatsache, dafs verschiedene Nahrungsobjekte nicht allen Mitgliedern der primitiven Gesellschaft gleich zugänglich waren[3].

So hatte z. B. auf den Südseeinseln die Frau keinen Anteil an den Gegenständen der Jagd und des Fischfanges.

So zerfiel auf Hawai noch zu Anfang des letzten Jahrhunderts alle Nahrung in zwei Klassen. Was Frauen und Männer essen durften, war „gemeines Essen“, Ainoa, was die

---

[1] Sehr treffend bemerkt Schmoller: „Eine Welt der Formen, der Konvention des schönen Scheins umgab alle ursprünglich einfachen Bedürfnisse.“ (A. a. O. S. 24.)

[2] Grundl. der National-Oekon. Stuttgart 1894. Bd. I. § 207.

[3] Vergl. Oscar Peschel, Völkerkunde. Leipzig 1881. S. 151—171. L. Morgan, Urgesellschaft. Deutsch von Eichhoff. 1891. S. 16—22. L. Felix, Entwicklungsgeschichte des Eigentums. Leipzig 1883. I. Th. S. 60 ff.

Männer allein essen durften, war ai tabu — Herrenessen. Farnwurzeln, Brotfrucht, Bananen, Muscheln und gewöhnliche Fische gehörten zu jenem, Kokosnüsse, Schweine, Vögel, Schildkröten und ausgewählte Fischarten zu diesem[1].

Dafs verschiedene Nahrungsobjekte als eine Art Auszeichnung betrachtet wurden und nur dem Mächtigeren und Vornehmeren zugänglich waren, ist allgemein bekannt.

Aber abgesehen davon, würde es über jeden Zweifel erhaben sein, dafs bei der grofsen Bedeutung, die der Kult gerade im Leben der primitivsten Völker hatte, die Mahlzeiten in einer gewissen Beziehung oder wenigstens in bestimmten Zeiten eine Art Kultverrichtung darstellen, und der niedere Prozefs des Hungerstillens diente zugleich zur Befriedigung socialer und religiöser Gefühle.

Die Botocuden z. B. die, nach Peschel, dem Urzustande am nächsten stehen, beleben ihre Gelage durch Gesänge. Darwin schildert die Feuerländer als in ihrem Wachstume verkümmert, schmutzig, mit verwirrten Haaren, mifstönender Stimme und von heftigen Geberden, darunter nackte, dem Winde und Regen schutzlos preisgegebene Menschen, und doch, wenn bei ihnen eine Robbe getötet oder das treibende Aas eines Walfisches entdeckt wird, so giebt es ein Fest[2].

Es lassen sich noch mehrere Thatsachen anführen, die beweisen, dafs schon sehr früh die Nahrungsmittel auch anderen Bedürfnissen dienten, und dafs das Nahrungsbedürfnis in seiner konkreten Gestaltung immer ein durch höhere Elemente veredeltes Bedürfnis war.

Andererseits ist das, was wir als Nahrungsbedürfnis bezeichnen, blofs ein abstrakter Begriff. In der Wirklichkeit hat der Mensch mehrere konkrete Nahrungsbedürfnisse, die wir als Brotbedürfnis, Fleischbedürfnis, Kuchenbedürfnis etc. bezeichnen können, und in jedem solchen Einzelbedürfnis sind wiederum verschiedene Triebe vereinigt, die sich erst bei einer genauen Analyse heraussondern lassen.

So hatten die Huronen keinen Ausdruck „essen", sondern bezeichneten diese Thätigkeit jedesmal anders, je nach dem Gegenstande, der genossen wurde[3].

Aber auch der Hunger in seiner allgemeinen, abstrakten Bedeutung ist selbst wiederum das Ergebnis der Differenzierung der Bedürfnisse, welche ihrerseits durch die Differenzierung der Befriedigungsobjekte bedingt sind. In der

---

[1] J. Lippert, Die Kulturgeschichte in einzelnen Hauptstücken. II. 1886. S. 46. Vergl. auch Lublock, Orig. of Zivilisation. S. 85. Derselbe, Pre-historic times. S. 15.

[2] Charles Darwin, Reise eines Naturforschers um die Welt, deutsch von J. Victor Carus. Stuttgart 1875. S. 244/45.

[3] Lippert a. a. O. III, S. 25.

Seele eines Säuglings ist das Durstgefühl vom Hungergefühl garnicht abgesondert, weil beide Gefühle in einem einheitlichen Seelenzustande des Unbehagens vereinigt sind, dem Zustande des Hungers/Durstes. Und dies geschieht deshalb, weil der Erhaltungstrieb des Säuglings durch Milch befriedigt wird, welche zugleich sowohl seinen Hunger wie seinen Durst stillt. Erst mit der Differenzierung der Objekte der Befriedigung, mit dem Momente, in dem das Kind an harte Speise und an Flüssigkeiten, die seinen Hunger nicht stillen (Thee), sich zu gewöhnen anfängt, differenziert sich das Bedürfnis Hunger/Durst in Hunger einer- und Durst andererseits[1].

Umgekehrt sind auch die sogenannten höheren Bedürfnisse von Elementen materieller Natur durchdrungen und hängen ebenfalls in ihrer Entwicklung und Differenzierung von den Befriedigungsobjekten ab.

Betrachten wir z. B. etwas näher den menschlichen Erkenntnistrieb.

„Die Erkenntnis steht von Anfang an in den Diensten des Instinktes und Triebes. Die Gedanken sind Späher des Selbsterhaltungsinstinktes. Kenntnisse werden geschätzt, weil sie das Mittel zur Macht sind.“ [2]

„Die vollkommenste Herrschaft über Dinge und zumal über Menschen in einem bestimmten Sinne ergiebt sich durch Wissenschaft; in jener Überlegenheit, welche die Kenntnis der Zusammenhänge der allgemeinen Bedingungen des Geschehens und daher Voraussicht und Vorausverkündigung des Zukünftigen verleiht. So kann die Wifsbegierde im Dienste aller übrigen Zwecke stehen, allerdings auch sich ablösen und auf sich selbst bestehen. Das reine, interessenlose Erkenntnisbedürfnis ist das Werk schwerer Kämpfe in der Geschichte des einzelnen und des ganzen menschlichen Geschlechtes. Der Mensch will die Natur erkennen, wie sie ist; er will aber auch, dafs seine eigenen Zwecke Zwecke der Natur seien. Alle Kausalgesetze sind ihm in letzter Instanz Mittel zur Verwirklichung des höchsten Gutes.

Der reine, interessenlose Wissensdrang ist verhältnismäfsig ein spätes Produkt der menschlichen Entwicklung, und ganz andere Triebe socialer und religiöser Natur mufsten mitwirken, um den Menschen zu der edelsten Blüte seiner Kultur,

---

[1] Siehe Dreyer a. a. O. S. 105.

[2] Höffding a. a. O. S. 367. Vergl. Tönnies, Gemeinschaft und Gesellschaft. „§ 14, S. 134. „Dafs die Priesterherrschaft zum Teil auch auf die Überlegenheit ihrer Erkenntnisse zurückzuführen sei, ist allbekannt.“ Vergl. auch Fr. Nietzsche a. a. O. I. Hauptb.: „Ich glaube nicht — schliefst derselbe, dafs ein Trieb zur Erkenntnis der Vater der Philosophie ist, sondern dafs ein anderer Trieb, hier, wie sonst, der Erkenntnis nur wie eines Werkzeuges sich bedient hat“. (§ 14. S. 14—15.)

zu dem reinen, erhabenen Wissensdrang zu verhelfen." [1] G. Tarde meinte z. B., dafs erst die christliche Religion, als die Religion des Geistes, den Menschen gelehrt habe, sich für die reine Wahrheit oder wenigstens für das, was er als Wahrheit anerkannte, zu begeistern, ohne auf irgend welche irdische Güter und praktische Interessen Rücksicht zu nehmen [2]. Dieser reine Erkenntnistrieb kommt gewöhnlich, vermengt mit anderen socialen und praktischen Trieben, in dem sogenannten wissenschaftlichen Interesse vor.

Die Thatsache, dafs sämtliche konkreten Bedürfnisse eigentlich komplizierte Seelengebilde sind, in denen die in der menschlichen Seele vorhandenen Elementartriebe verschiedenartige Verknüpfungen miteinander und mit verschiedenen Vorstellungs- und Bewegungselementen, die durch die Objekte der Bedürfnisbefriedigung bedingt werden, eingehen; die Thatsache ferner, dafs die Bedürfnisse in keinem Falle feststehende, unveränderliche oder unveränderbare Seelenerscheinungen repräsentieren, sondern, wie alles in der Natur, im beständigen Flusse sich befinden und mit dem Wechsel der Objekte der Bedürfnisbefriedigung zugleich Gestalt, Inhalt, Zusammenhang, physiologischen, psychischen, moralischen Wert ändern und modifizieren, — diese Thatsachen veranlafsten schliefslich die neueren Socialökonomen, von jeder Klassifikation der Bedürfnisse, sei es nach ihren subjektiven oder objektiven Merkmalen, abzusehen, dafür aber den Elementartrieben und den Bedingungen ihrer Vereinigung zu verschiedenartigen Bedürfnissen immer mehr Aufmerksamkeit zu widmen [3]. Je tiefer

---

[1] Höffding a. a. O. S. 415. Vergl. auch Fr. Alb. Lange, Die Arbeiterfrage. S. 110 ff. Treffend bemerkt derselbe: „Nicht umsonst ist es gerade das „allgeschätzte Gold", dessen liebliches Bild so manchen hungernden Gelehrten in den Abgrund einer end- und zahllosen Wissenschaft stürzte."

Bezüglich des Wesens der socialen Wissenschaft, äufsert sich Stammler wie folgt: „Es soll nun die Lehre von den socialwirtschaftlichen Erscheinungen nach drei Richtungen weitergeführt und vollendet werden. Zunächst sind Gründe und Art ihrer Entstehung und Ausbildung im allgemeinen darzulegen; sodann ist die Möglichkeit einer gesetzmäfsigen Einsicht in die Entwicklung ökonomischer Phänomene zu untersuchen; endlich kommt auf Grund dessen die Erwägung der Erkennbarkeit zukünftiger Entwicklung in Betracht." Das letzte Ziel trägt den Stempel des praktischen Interesses auf der Stirn. Vergl. auch Jacubowski, Die Anfänge der Poesie. S. 22—24.

[2] G. Tarde, Les lois de l'imitation. Chap. 4, V.

[3] Gegen die in vielen Lehrbüchern der politischen Ökonomie übliche Einteilung der menschlichen Bedürfnisse in niedere und höhere, resp. in materielle und geistige hat in der neueren Zeit R. Stammler sehr treffende und geistreiche Einwände erhoben. (Wirtschaft und Recht, § 25—28.) Allerdings glaubte Stammler mit diesen Einwänden die ganze in der realistischen Schule der Nationalökonomie z. Z. vorherrschende Auffassung bezüglich des Wesens und der Methode der ökonomischen Untersuchungen treffen zu können, was nicht der Fall

aber und eingehender die Analyse der Elementartriebe durchgeführt wird, je mehr wir über die Bedingungen der Vereinigung derselben zu aktiven Willensprozessen nachdenken, um so deutlicher zeigt sich die volle Haltlosigkeit der fast bis auf die neuere Zeit in der ökonomischen Wissenschaft üblichen Behandlung der Frage der Bedürfnisentwicklung, die eben deshalb zu keinem für die Wissenschaft fruchtbaren Resultate führen konnte.

Dieses so in den Vordergrund der socialökonomischen Wissenschaft gerückte Problem der Entwicklung der Bedürfnisse wollen wir nun näher betrachten.

---

ist, da eben diese Schule in keinem Falle die eigentlichen materiellen Interessen zum ausschliefsl. Gegenstand ihrer Betrachtungen macht, vielmehr den Einflufs der ästhetischen und sittlichen Faktoren auf das Ausdrücklichste betont. (Siehe G. Schönberg, Handb. d. pol. Oekon. 4. Aufl. 1896. Bd. I. 1. T. S. 2 ff.) Ad. Wagner teilt zwar die Bedürfnisse in Existenzbedürfnisse ersten und zweiten Grades einerseits und Kulturbedürfnisse andererseits ein, mifst aber dieser Klassifikation keinen besonderen theoretischen Wert bei, da derselbe den Schwerpunkt des Problems der Bedürfnisentwicklung in die Lehre von Elementartrieben verlegt. (Siehe Allg. oder theoretische Volkswirtschaftslehre. 3. Aufl. I. T. Grundlegung. § 33—53.) Vgl. auch Roscher (a. a. O. I. Bd. § 215). Sogar K. Marx, der, als Begründer der materialistischen Geschichtsauffassung, scheinbar am ehesten die materiellen Interessen zum Ausgangspunkt seiner wirtschaftlichen Untersuchungen zu machen geneigt sein müfste, bemerkt gelegentlich, dafs die Natur der Bedürfnisse in der wirtschaftlichen Thätigkeit keine besondere Rolle spiele. (Kapital Bd. I. 3. A. S. 12—13, auch S. 41—42.) Siehe dagegen G. Schmoller, Grundrifs etc. S. 2—23 ff. Derselbe läfst zwar die ästhetischen, intellektuellen, moralischen etc. Bedürfnisse als Faktoren der wirtschaftlichen Thätigkeit gelten, aber nur unter der bestimmten Bedingung, dafs dieselben zugleich mit der Absicht der Selbsterhaltung durch Entgeltung verknüpft sein müfsten. Übrigens betont auch Schmoller ausdrücklich den Einfluss der sittlichen und ästhetischen Triebe auf das ökonomische Leben und Thun der Menschen (a. a. O. S. 41—48). Siehe auch Dühring a. a. O. Einleitung Fr. J. Neumann in Tübinger Zeitschrift für die gesamte Staatswissenschaft. 1892. Heft 3. S. 411 ff., besonders S. 433 f. Eg. Philippovich, Über Aufgabe und Methode der pol. Ök. Freiburg in B. 1886. S. 12—28. Rümelin, Reden und Aufsätze. Tübingen 1875. I. S. 10 ff.

Eine in manchen Beziehungen sehr interessante Einteilung der Bedürfnisse finden wir in Herrmanns staatswissenschaftlichen Untersuchungen (2. Aufl. 1874). Besonders seine Einteilung der Bedürfnisse in positive und negative ist für das Problem der Bedürfnisentwicklung von grofser Bedeutung. Zu erwähnen ist noch die Klassifikation der Bedürfnisse von dem russischen Nationalökonom Professor Schwarzoff (egoistische, altruistische und ästhetische), die zwar nicht auf die Bedürfnisse als solche, wohl aber auf die Elementartriebe sich mit Erfolg anwenden läfst.

II. Das Problem der Bedürfnisentwicklung.

1.

Bezüglich der menschlichen Bedürfnisse war es in der socialökonomischen Litteratur längere Zeit gang und gäbe, die unbeschränkte Entwicklungsfähigkeit derselben mit besonderem Nachdruck hervorzuheben. Es wurde nur immer und immer wiederholt, dafs die Konsumtionsfähigkeit des Menschen hinsichtlich der von ihm erzeugten und zu unzähligen Modifikationen fähigen Güter keine praktisch durchführbaren und theoretisch denkbaren Grenzen zu haben scheine. Die Entwicklung der Bedürfnisse galt daher als etwas Selbstverständliches, das keiner näheren theoretischen Begründung bedurfte. Es schien, als ob niemand geneigt wäre, darüber nachzudenken, ob nicht das Phänomen der Entwicklung der Bedürfnisse doch gewisse problematische und rätselhafte Momente enthalte, die eine eingehendere theoretische Untersuchung nötig machten. Es ist daher als ein wissenschaftlicher Fortschritt zu verzeichnen, wenn in den neueren socialökonomischen Werken dieser bis dahin allgemein gültige Satz von der unbegrenzten Entwicklungskraft der Bedürfnisse insofern eine wesentliche Einschränkung erfahren hat, als man diese unendliche Entwicklungsfähigkeit im Zusammenhange mit einer geschichtlich unbegrenzten Entwicklungsperiode zu erfassen suchte. Das sollte bedeuten, dafs die menschlichen Bedürfnisse blofs im Verlaufe eines unendlich grofsen Zeitraumes einer unendlichen Entwicklung fähig seien, dafs aber in einem geschichtlich bestimmten Zeitabschnitte die Bedürfnisentwicklung eine bestimmte, unüberschreitbare Grenze aufweise. Allein auch mit diesem einschränkenden Zusatz bleibt das Princip der Bedürfnisentwicklung völlig unergründet, und es ist niemals in der Socialökonomie auch der Versuch gemacht worden, die allgemeine Gültigkeit desselben methodologisch zu beweisen[1].

---

[1] Dagegen finden wir in der geschichtlichen Litteratur, namentlich aber in der Kulturgeschichte, Versuche, die Entwicklung der Menschheit überhaupt, speciell auch die Bedürfnisentwicklung zu begründen. Diese

„Die menschlichen Bedürfnisse" — belehrt uns Wagner — „sind einer Vermehrung etc. fähig. Nur das läfst sich erfahrungsmäfsig allgemein sagen. Schon von einer Tendenz der Vermehrung ist im Hinblick nicht nur auf die Lebensverhältnisse ganz roher Völker, sondern auch auf die Stabilität des Bedürfnisstandes auf schon höheren Wirtschaftsstufen, so bei Nomaden und unter Völkern und Volksklassen mit fest, durch Recht und Sitte, auch durch religiöse Anschauungen, gebundenen Lebens-, Berufs-, Erwerbsverhältnissen (Kastenwesen), nicht ganz allgemein zu rechnen. Man generalisiert da, wie so oft, Erscheinungen bei den eigentlichen Entwicklungsvölkern, bei Kulturvölkern, und hier häufig sogar wieder nur bei einigen Volksklassen, wie besonders der städtischen Bevölkerung, sowohl in Betreff der äufseren wie der inneren, der materiellen wie der physischen Bedürfnisse, zu sehr; Völker, deren Verhältnisse allerdings zumeist, aber doch nicht allein das Untersuchungsobjekt der politischen Ökonomie bilden."[1]

Sind aber einmal nicht alle Völker und nicht alle Klassen der Gesellschaft in demselben Mafse entwicklungsfähig, sind einmal Völker und Stämme da, die, wie es scheint, überhaupt zu keiner Bedürfnisentwicklung geneigt sind, so entsteht von selbst die Frage: unter welchen Bedingungen sind die menschlichen Bedürfnisse entwicklungsfähig?

Nun setzen die meisten Ökonomen — bemerkt Roscher[2] — ohne weiteres voraus, dafs jeder einzelne, mehr noch jedes Volk die Gesamtheit seiner Genüsse so weit auszubreiten pflege, wie die Möglichkeit reicht, seine Bedürfnisse zu befriedigen. Allein sie vergessen dabei, welch' grofse Rolle, wie die Menschen einmal sind, auch das Princip der Trägheit in der Welt spielt. Was scheint uns auf den ersten Blick z. B. natürlicher, als dafs ein Volk, je weniger Arbeit es auf Erzielung der unentbehrlichen Lebensmittel zu wenden braucht, um so mehr Zeit und Lust zur Befriedigung feinerer Bedürfnisse hätte? Man würde hiernach in den früheren Perioden, wo die Völker wenig zahlreich, der Boden im Überflusse vorhanden und unerschöpft ist, eine besonders feine Kultur, zumal auch in geistigen Dingen, erwarten müssen. In Wirklichkeit aber verhält sich die Sache gerade umgekehrt.... Wenn der mexikanische Landmann durch die Arbeit von zwei Tagen wöchentlich für sich und die Seinigen den notdürftigen Unterhalt der ganzen Woche errungen hat, so faulenzt er in den übrigen fünf Tagen. Kein

---

Versuche aber, sofern sie sich auf die Bedürfnisse beziehen, begnügen sich mit mehr oder weniger problematischen Erklärungen, die auf keinem einheitlichen und allgemeinen Princip beruhen.

[1] A. a. O. § 25. S. 75.

[2] A. a. O. § 214. S. 593—94.

Gedanke daran, dafs er seine Mufse vielleicht zu einer besseren Einrichtung seiner Hütte, seines Mobiliars etc. verwendet.

Auch Gumplowicz weist auf die Unhaltbarkeit des Entwicklungstriebes hin:

„Ein zweiter Fehler, der in der sociologischen Forschung begangen wurde, ist der, dafs man sich, sei es die ganze Menschheit, sei es einzelne Völker, als in einer spontanen socialen und kulturellen Entwicklung dachte, und zwar in der Weise, wie sich etwa ein pflanzlicher Organismus entwickelt . . . . Man übersah dabei die Thatsache, dafs den socialen Gruppen ebenso ein Beharrungsgesetz inne wohne, wie allen Naturwesen und Gegenständen, und dafs dieselben aus der Beharrung in einem gegebenen socialen Zustand zum „Übergange" in einen anderen Zustand immer nur durch adäquate sociale Ursachen und Einflüsse gebracht werden könnten." [1]

Dieselbe Thatsache bestätigen die Anthropologen, Ethnographen und Kulturhistoriker.

So sagt z. B. Th. Waitz:

„Bei geringer Bevölkerung eines nicht zu armen Landes findet meist gar keine oder eine geringe Nötigung zur Arbeit statt, weil jeder für sich und die Seinigen leicht so viel gewinnt, wie er zum Leben braucht." [2]

Der Reichtum der Natur nützt den primitiven Völkern nicht, weil sie denselben garnicht auszubeuten verstehen.

Der Ngamisee in Südafrika ist nebst seiner Umgebung einer der wild- und fischreichsten der Erde, aber da die Umwohner nur wenig Kähne und schlechte Waffen besitzen, so können sie die Naturgaben nur unzureichend ausbeuten, und mitten im Überflusse leiden sie Hungersnot [3].

Man könnte vielleicht geneigt sein anzunehmen, das fatale

---

[1] Gumplowicz, Sociologie. S. 73.

[2] Anthropologie. 2. T. § 3. S. 428. Vergl. J. St. Mill, Grundsätze der pol. Ökonomie, übersetzt von A. Soetbeer. Hamburg 1852. Bd. I. S. 124. Mill schliefst seine Ausführungen mit folgender Bemerkung: In Klimaten, wo die blofse Existenz eine Lust ist, bildet Nichtsthun den Luxus, dem man den Vorzug giebt. Siehe auch Georg Schweinfurth, Im Herzen von Afrika. Leipzig 1874. Bd. I. S. 104.

[3] Dimitroff, Die Geringschätzung des menschlichen Lebens. Leipzig 1891. S. 13 ff. Vergl. auch K. Bücher, Die Entstehung der Volkswirtschaft. 2. Aufl. Tübingen 1898. S. 21—24. Charakteristisch ist die folgende Erklärung der Sorglosigkeit des primitiven Menschen: „Man sollte denken, der Hunger, welcher dem Wilden so oft grofse Qualen bereitet, müsse ihn von selbst anleiten, Nahrungsmittel, die er zu Zeiten im Überflusse hat, auf spätere Tage aufzubewahren. Aber alle Beobachtungen stimmen überein, dafs er daran garnicht denkt. Überhaupt folgt der Naturmensch immer nur dem nächsten Antriebe; sein Handeln ist ein rein impulsives, sozusagen blofse Reflexbewegung. Je näher bei ihm Bedürfnis und Befriedigung zusammen liegen, um so wohler ist ihm. Der Naturmensch ist ein Kind."

Trägheitsprincip beherrsche ausschliefslich die Völker im primitiven Zustande, auf den niedersten Stufen der menschlichen Kultur, dafs aber, sobald der Mensch sich zu einer relativ höheren Stufe der Kultur aufschwingt, das Trägheitsprincip seine Wirkung einbüfse und einer anderen, entgegengesetzten Tendenz, der Entwicklungstendenz, Platz mache. Aber abgesehen davon, dafs dadurch uns doch die Frage nicht erspart bleibt, auf welche Weise der Mensch aus dem natürlichen, primitiven Zustande zu einer höheren Kultur emporgestiegen sei, und wie es hätte geschehen können, dafs das so mächtige, sämtliche primitiven Völker beherrschende Beharrungsgesetz plötzlich in das entgegengesetzte Bewegungsgesetz, das Entwicklungsprincip sich umzuwandeln gezwungen wäre, ist noch zu bemerken, dafs eine Einteilung der Menschen bezw. der geschichtlichen Perioden ihrer Entwicklung in beharrende und vorwärtsstrebende dem wirklichen Verlauf der Dinge in der Geschichte arg ins Gesicht schlage. Es ist nicht zu vergessen, dafs diese primitiven Völker, von deren Trägheit, Nichtwirtschaftlichkeit, Sorglosigkeit die europäischen Reisenden so viel zu erzählen wissen, in keinem Falle als gleichmäfsige, unterschiedslose Menschenhorden zu betrachten sind. Im Gegenteil befinden sich dieselben auf sehr verschiedenen Stufen der Kultur, und alle insgesamt, die niedersten und wildesten Stämme nicht ausgeschlossen, haben eine lange Reihe von relativ noch niederen Stufen der Kultur durchgemacht, haben eine lange Kette von Erfindungen und Entdeckungen aller Art zu verzeichnen, von denen manche, in gewisser Hinsicht, unsere allerneuesten und allerwichtigsten Entdeckungen an Wert und Bedeutung für den menschlichen Fortschritt völlig aufwiegen. „Diese primitiven Völker sind auch nicht immer so der Arbeit abgeneigt: Sie sind für bestimmte, von ihnen anerkannte Zwecke immer bereit zu arbeiten, sogar sehr fleifsig zu arbeiten. Wenn die Leidenschaft sie treibt, besitzen sie Energie im Übermafs. Der Wilde z. B. liebt, sich und seine Geräte zu schmücken ... und verwendet darauf nicht selten den unglaublichsten Fleifs, erträgt für diesen Zweck Anstrengungen und Entbehrungen, selbst den quälenden Schmerz mit Heiterkeit."

„An den Ufern des St. Lawrenzstromes giebt es mehrere kleine Indianerdörfer. Diese sind meistenteils von einem ziemlichen Stück Land umgeben, auf dem das Holz schon lange ausgerodet zu sein scheint, und aufserdem besitzen sie ausgedehnte Waldstrecken. Das von Holz gesäuberte Land wird selten bebaut, man kann fast sagen niemals bebaut, noch werden auch im Walde zu solchen Zwecken Ausrodungen gemacht."

„... Der Boden ist fruchtbar ... Würde jede Familie einen halben Morgen des Bodens einzäunen, ihn bearbeiten und mit Kartoffeln oder Mais bepflanzen, so würde dies genügen, sie ein halbes Jahr zu ernähren. Dennoch leiden diese Indianer Mangel . . . Von Ackerbau wollen sie nichts wissen." [1]

Nun könnte der Anschein erweckt werden, diese wilden Stämme seien träge, arbeitsscheu; jedoch bei näherer Betrachtung derselben müssen wir diesen Gedanken aufgeben:

„Diese uns so auffallende Apathie — teilt uns J. St. Mill weiter mit — geht im wesentlichen nicht aus Widerwillen gegen die Arbeit hervor; im Gegenteil, sie halten sich sehr mutig daran, sobald die Belohnung dafür unmittelbar eintritt. So werden sie, aufser ihren eigentümlichen Erwerbsarten der Jagd und Fischerei, welche vorzunehmen sie jederzeit bereit sind, bei der Schiffahrt auf dem St. Lawrenzstrom viel beschäftigt; man sieht sie in den dort gebräuchlichen grofsen Böten beim Rudern thätig, und sie liefern den gröfseren Teil der etwa erforderlichen Hände, um Flöfse durch die Stromschnellen zu bringen."

Dafs das Beharrungsprincip nicht immer in der Gestalt von Ruhe und Trägheit auftritt, zeigt uns das Beispiel Chinas, wo ein arbeitsames, fleifsiges, auf einer relativ sehr hohen Stufe der Kultur stehendes Volk, trotz Armut und Not, keine Neigung zeigt, die europäische Kultur sich anzueignen, wiewohl dieselbe das ganze Volk aus seiner fast unerträglichen Lage befreien und zu einem geistig und materiell glücklicheren Leben erheben könnte.

„In der Kulturgeschichte der Menschheit giebt es keine Wendepunkte; alles wächst und verwest hier wie die Pflanze; das Zuständliche ist nur eine Abstraktion, deren wir bedürfen, um unserem blöden Auge die Wunder der Natur und Menschenwelt zugänglich zu machen." [2]

Es ist daher garnicht denkbar, dafs der Mensch auf irgend einem bestimmten Punkt seines vorgeschichtlichen Lebens plötzlich einen Sprung aus dem primitiven Zustand in den der Kultur gewagt habe: ein solcher Sprung wäre für ihn ein salto mortale gewesen.

Wir haben gar keinen Grund, die Auffassung Morgan's, dafs der Fortschritt der Menschen im wesentlichen derselbe gewesen sei bei Stämmen und Völkern, welche verschiedene und sogar getrennte Kontinente bewohnen, zu verwerfen, um so mehr, als er diese seine Anschauung durch eine Reihe von geschichtlichen Thatsachen bekräftigt[3].

Es bleibt also nichts übrig als die Annahme, dafs in jeder

---

[1] J. St. Mill, Grundsätze d. pol. Ökonomie (übersetzt von Soetbeer). 1. Bd. S. 124 ff.

[2] Bücher a. a. O. S. 35.

[3] Morgan a. a. O. S. 35. Vergl. auch G. Schmoller, Die Urgeschichte der Familie etc. im Jahrb. für Gesetzgeb. etc. Bd. 23, Heft I. S. 8 ff.

menschlichen Gruppe, in jeder socialen Organisation, auf jeder Stufe der menschlichen Kultur, zwei entgegengesetzte Tendenzen sich geltend zu machen bestrebt seien, die Beharrungs- und die Entwicklungstendenz, von denen entweder die eine oder die andere, je nach den entsprechenden Umständen, eine Zeit lang die Gesellschaft beherrsche, dieselbe vorwärts bezw. rückwärts schiebend. Zeigen also die verschiedenen menschlichen Gesellschaften einmal die Neigung, ihre geistigen und materiellen Güter zu vermehren, zu verfeinern und zu vervielfältigen, ein anderes Mal wiederum eine entgegengesetzte Neigung, jeden geistigen Fortschritt, sogar jede Arbeit überhaupt mit aller Entschiedenheit zu bekämpfen und im Nichtsthun oder wenigstens im nur gewohnten Thun und Lassen das höchste Glück zu finden, so entsteht von selbst die Frage, unter welchen Bedingungen die Beharrungs- resp. die Entwicklungstendenz zur Geltung komme? Und eben dieser Dualismus im socialen Leben der Gesellschaft, eben dieses Walten und Herrschen von zwei entgegengesetzten, einer fortschrittlichen und einer beharrenden Tendenz in der menschlichen Geschichte, zwingt unser Denken, die Gesetzmäfsigkeit der socialen Evolution zu ergründen, wenn wir nicht geneigt sind, diese beiden Tendenzen als selbständige „Kräfte" aufzufassen, die wie Ormuzd und Ahriman die Geschicke der Menschheit leiten und sich in beständiger Fehde, in unaufhörlichem Kampf befinden.

Die sociale Evolution und mit ihr die Bedürfnisentwicklung verwandelt sich infolge der Erkenntnis des Gegensatzes, welcher sich unter den in der Gesellschaft waltenden Tendenzen bemerkbar macht, zu einem socialen Problem [1].

Es fragt sich eben: unter welchen Voraussetzungen ist der Sieg des Fortschrittes möglich bezw. notwendig?

2.

Dafs das Phänomen der Bedürfnisentwicklung ein Problem sei, für welches eine Erklärung gesucht werden müfste, tritt noch deutlicher hervor, wenn wir die sogenannte Entwicklungstendenz einer psychologischen Analyse unterwerfen.

Diese Tendenz kann im psychologischen Sinne nicht anders aufgefafst werden, als ein Entwicklungstrieb, als ein

[1] W. Roscher bespricht diesen Gegensatz, aber er sucht ihn nicht zu lösen, sondern begnügt sich mit der Erklärung, dafs die allgemeinen Kulturfortschritte so viele und so wechselseitig bedingte Voraussetzungen hätten, dafs sie in der Regel nur sehr allmählich erfolgen. Aber die Hinweise auf die vielen Voraussetzungen genügen ja nicht zur Begründung dieses Fortschrittes; diese Voraussetzungen vielmehr müssen festgestellt und aus ihnen der Fortschritt abgeleitet werden. Vergl. Roscher a. a. O. I. Bd. S. 594.

Streben der Menschen, ihre Bedürfnisse zu vermehren, vervielfältigen und verfeinern.

Kann ein solches Streben sich überhaupt in der menschlichen Seele geltend machen? Ist ein Streben nach Vermehrung etc. der Bedürfnisse als ein wirklicher psychologischer Prozefs denkbar?

Jedes Begehren ist als ein Willensakt aufzufassen, welcher auf Beseitigung von Unlust und auf Erlangung von Lust gerichtet ist. Jedes Begehren ist also mit einem Gefühlszustand verknüpft, vielmehr es setzt denselben voraus — einen Gefühlszustand, in dem Unlust und Lust zu gleicher Zeit, wenn auch nicht in gleichem Grade der Intensität, auftreten und zu gewissen Bewegungen veranlassen. Denn einerseits erregt auch das stärkste, intensivste Unlustgefühl, das z. B. infolge der Unbefriedigung eines der allernötigsten Existenzbedürfnisse eintritt, wie das Unlustgefühl, das im Hunger oder Durst sich manifestiert, zu gleicher Zeit auch ein Erinnerungsbild des mit der Erlangung des Begehrten verknüpften Lustgefühls; andererseits wird sich auch bei einem Begehrensakt, wo die Erinnerung der empfundenen Lust die Hauptrolle spielt, z. B. bei dem Begehren nach einem schönen Konzert etc., doch zugleich auch ein Unlustgefühl, eine Unruhe geltend machen, da der Begehrende das Bewufstsein hat, dafs das begehrte Lustgefühl eben noch nicht eingetreten sei, und das Erinnerungsbild blofs ein schattenhaftes, kein wirkliches Lustgefühl repräsentiere[1]. So sagt Preyer bezüglich der Bedürfnisse des Kindes: „Alle Gefühle sind entweder angenehm oder nicht angenehm. Im ersten Falle erwecken sie das Begehren nach Wiederholung der betreffenden Empfindung beim Kinde, indem das Fehlen des Angenehmen selbst eine Unlust erzeugt[2].“ Beide entgegengesetzte Pole des Gefühls, welches ein Begehren hervorruft, die Lust wie die Unlust, zeigen deutlich, dafs eine Befriedigung des Begehrens schon früher stattgefunden habe, denn beide Momente des Gefühls sind die Folge eines vorhergegangenen psychischen Zustandes der Lust, des Behagens, nach dem eben jetzt gestrebt wird. Das Streben aber nach Vermehrung, Verfeinerung der Bedürfnisse heifst eben das Streben nach einem neuen, bis dahin noch nie empfundenen Lustzustande — denn jedes verfeinerte Bedürfnis giebt thatsächlich einen neuen Lustzustand; ein solches

[1] Nach dem Beziehungsgesetz von Fechner-Wundt ist eine reine Lustempfindung eine Abstraktion, weil diese stets mit dem Gefühlshintergrund zu einem neuen psychologischen Ganzen verschmilzt. Im Augenblicke, wo der primitive Mensch eine Lust empfindet, kämpft diese einen Kampf mit der in ihm schon vorhandenen seelischen Stimmung. L. Jacubowski, Die Anfänge der Poesie. Dresden 1891. S. 24. Vergl. auch Höffding a. a. O. S. 324.

[2] A. a. O. T. I. S. 135.

Streben ist weder mit Lust noch mit Unlust verknüpft, folglich kein Begehren. Ein Begehren nach einem neuen, noch nie befriedigten Bedürfnisse ist daher eine contradictio in adjecto, ein undenkbares Ding.

Nehmen wir z. B. das Rauchbedürfnis: Wie entsteht zum ersten Male das Bedürfnis zu rauchen? Welche Gefühle, Motive sind es, die in diesem Falle den Menschen veranlassen, den bitteren, würgenden Rauch in seine gesunde und heftig dagegen protestierende Lunge einzuatmen? Weder Unlust noch Lust könnte in der menschlichen Seele beim Anblick des Tabaks entstehen. Allerdings gewöhnt sich jetzt jeder Rauchende an das Rauchen mit Hilfe der Nachahmung, aber die Nachahmung selbst ist wiederum ein neues sociales Moment, welches auf einem bestimmten, genau zu untersuchenden Gefühl beruht, dessen Wirkung im Prozesse der Entwicklung der Bedürfnisse blofs unter bestimmten Bedingungen hervortritt, und aufserdem erklärt die Nachahmung nicht die Entstehung eines Bedürfnisses, sondern blofs die Verbreitung eines schon existierenden Bedürfnisses auf immer weitere Gesellschaftskreise. Die ursprüngliche Entstehung des Rauchbedürfnisses kann nicht auf Nachahmung zurückgeführt werden, — dasselbe war eine Erfindung, und jede Erfindung mufs wiederum ihr Motiv haben, beruht also auf einem Begehren. Mit anderen Worten: Wir haben schon früher auseinandergesetzt, dafs jedes Bedürfnis sich erst mit seiner und durch seine Befriedigung entwickele. Bevor ein Bedürfnis entsteht, können an seiner Stelle nur instinktive Triebe die menschlichen Handlungen leiten. Die Verfeinerung, Vermehrung der Bedürfnisse läfst sich deshalb nicht auf instinktive Triebe zurückführen, weil ein jeder solcher Triebe in letzter Instanz auf einem, wenigstens von den Vorfahren befriedigten, entwickelten und vererbten Bedürfnisse beruht[1].

Das Problem der Entwicklung schwebte schon J. Faucher vor, als er in seiner Abhandlung: „Währung und Preise"[2] auf die Entstehung der Bedürfnisse zu sprechen kam.

Faucher untersucht die Expansivkraft verschiedener Bedürfnisse, unter anderem auch die der sogenannten Spezerei- oder Kolonialwaren, und äufsert sich dabei über das Problem ihres Aufkommens in der Gesellschaft wie folgt:

„Dann ist aber bei diesem Nahrungsmittel noch auf eine Erscheinung aufmerksam zu machen, deren Erklärung der Chemie oder Physiologie obliegt und ja auch bis zu einem

[1] Unsere Bedürfnisse, soweit sie wirtschaftlich in Betracht kommen, sind zum kleinsten Teile natürlich gegebene; unsere Konsumtion ist nur etwa in der Ernährung eine naturnotwendige; alles andere ist Kulturprodukt, Folge freischöpferischer Thätigkeit des Menschengeistes.
Dühring.

[2] Vierteljahresschrift f. Volksw. und Kulturg. 1868, III. S. 148 ff.

gewissen Grade denselben gelungen ist, mit der wir aber nur als mit einer Thatsache uns zu beschäftigen brauchen, die jeder aus eigener Erfahrung kennt. Wir haben hier Nahrungsmittel vor uns, bei denen nicht das Bedürfnis den Verbrauch, sondern bei denen der Verbrauch das Bedürfnis erzeugt.

Etwas von Wechselwirkung zwischen Bedürfnis und Verbrauch ist fast überall vorhanden; es ist das der Weg, auf dem sich das Gewohnheitsbedürfnis erzeugt.

. . . Wir wissen gut genug, — fährt Faucher fort — daſs der Prozeſs der Entdeckungen der Nahrungsmittel seine geschichtliche, wie seine vorgeschichtliche Vergangenheit, wie auch noch seine Zukunft, und vor allem, daſs er sein groſses, nie ruhendes, wenn auch je später, desto komponierter sich manifestierendes Gesetz hat. Was wir meinen, ist nur, daſs die Kluft zwischen der Art und Weise, wie alle übrigen Nahrungsmittel, und derjenigen, wie diese sich eingeführt haben und heute beim einzelnen sich noch einführen, eine groſse ist, groſs genug, um eine vollständige Gegenüberstellung zu rechtfertigen, die eben darin ihren Ausdruck findet, daſs, den Nationen wie dem einzelnen gegenüber, das Bedürfnis sichtbar dem Verbrauche folgt."

Die sogenannten Spezerei- oder Kolonialwaren (Thee, Tabak, Kaffee, Kakao, Gewürze) befanden sich zur Zeit, als diese Abhandlung erschien — wie auch noch jetzt —, im Übergangsstadium von Luxusgegenständen (Volksluxus) zu alltäglichen und unentbehrlichen Nahrungsmitteln. Sie befriedigten und befriedigen zum Teil das Nahrungsbedürfnis, zum Teil aber auch entsprechen sie als Objekte des Volksluxus auch höheren ästhetischen und socialen Trieben. Hier war der Prozeſs des Strebens nach Verfeinerung des Nahrungsbedürfnisses gerade augenfällig. Faucher sah nur ein, daſs diese verfeinerten Bedürfnisse thatsächlich das Aufkommen neuer Bedürfnisse repräsentieren, die also nie entstehen können, bevor sie nicht befriedigt worden sind, die Objekte dieser Bedürfnisse könnten gar nicht begehrt werden, bevor sie sich durch mehrmaligen Verbrauch zum wirklichen Bedürfnis entwickelt haben — die Entstehung dieser Art Bedürfnisse erschien ihm daher mit Recht als ein Problem, welches einer Erklärung bedarf; Faucher ging aber auf eine tiefere Analyse des Problems nicht ein und begnügte sich damit, daſs er die Lösung dieses social-psychologischen Problems — den Chemikern und Physiologen überwies.

Wie es scheint, entging es Faucher, daſs auch ein groſser Teil der übrigen Nahrungsmittel denselben Umwandlungsprozeſs durchmachte, wie die jetzigen Kolonialwaren (z. B. Butter, Milch, Käse, Brot etc.). Auch diese waren in ihrem Entstehungsstadium Luxusgegenstände und verbreiteten sich erst allmählich im Volke[1], bis sie schliefslich die einfache, graue Gestalt der Alltagsnahrungsmittel annahmen. Allerdings spielte sich dieser Prozefs auf den primitivsten Stufen der menschlichen Kultur ab, so dafs es jetzt auch wirklich scheinen könnte, dieselben seien in allem Anfange als natürliche Nahrungsmittel aufgekommen; daher die grofse Kluft, die, in Fauchers Augen, die Kolonialwaren von den natürlichen Nahrungsmitteln zu trennen schien. Viel tiefer fafste das Problem der Bedürfnisentwicklung G. Tarde[2].

Auf die Frage, ob die Bedürfnisse oder die Erfindungen als Ausgangspunkt der Civilisation angenommen werden sollen, antwortete der bekannte französische Sociologe folgenderweise:

Je reponds en rappelant d'abord que le besoin d'un objet ne pouvant précéder sa notion, aucun besoin social n'a pu être antérieur à l'invention qui a permis de concevoir la denrée, l'article, le service propre à la satisfaire. Il est vrai que cette invention a été la reponse à un désir vague, que, par exemple, l'idée du télégraphe électrique a répondu au problème, depuis longtems posé, d'une communication epistolaire plus rapide; mais c'est en se spécifiant de la sorte que ce désir s'est repandu et fortifié, qu'il est né au monde social; et lui même d'ailleurs n'a-t-il pas toujours été développé par une invention ou une suite d'inventions plus anciennes, soit, dans l'exemple choisi, par l'établissement des postes, puis du télégraphe aérien? Je n'excepte pas même les besoins physiques, lesquels ne deviennent forces sociales, eux aussi, que par une spécification analogue, comme j'ai déja eu occasion de le faire remarquer. Il est trop clair que le besoin de fumer, de prendre du café, du thé, etc. n'a apparu qu'après la découverte du café, du thé, du tabac. Autre exemple entre mille: «Le vêtement ne suit pas la pudeur, dit très bien

[1] „Man sollte denken, dafs der Verbrauch des Fleisches, wenigstens beim Kulturmenschen, einigermafsen einheitlich geregelt wäre, doch stofsen wir überall auf die gröfsten Widersprüche, deren Erklärung meist ganz unmöglich ist." Ed. Hahn, Die Haustiere. 1896. S. 26.

[2] K. Knies dagegen findet gar nicht nötig auf dieses Problem näher einzugehen. Er meint: „Wie der Erhaltungstrieb die erste Anregung der Selbstliebe ist, so zeigt sich das Streben nach dem Eigenwohle zunächst als Streben nach Erhaltung der zur selbständigen Befriedigung des Eigenbedarfs notwendigen wirtschaftlichen Güter. Nicht anders ist es der Fall mit dem weiteren Fortstreben des einzelnen nach Erlangung von Sachgütern, die über das für menschliche Existenz notwendige Mafs hinausliegen, ganz abgesehen davon, dafs dieses Mafs der Not selbst als eine relative Gröfse erscheint.

. . . Gegen die Beschränkung auf das Notwendigste kämpft ein instinktiver Trieb des Menschen an. Sie steht im Widerspruch mit dem Gesetze der Entwicklung, dem Lebensgesetze geistiger Lebewesen." (Die pol. Ökon. vom geschichtlichen Standpunkte III, 3. S. 237—238.) Vergl. auch Herrmann a. a. O. S. 102 ff.

M. Wiener (le Pérou); mais, au contraire, la pudeur se manifeste à la suite du vêtement, c'est-à-dire que le vêtement qui cache telle ou telle partie du corps humain fait paraître inconvenante la nudité de cette partie qu'on a l'habitude de voir couverte.» En d'autres termes, le besoin d'être vêtu, en tant que besoin social, a pour cause de la découverte du vêtement et de tel vêtement[1].

G. Tarde sah also ein, daſs der Prozeſs der Bedürfnisentwicklung ein schwieriges Problem sei, weil die Bedürfnisse, die physischen Bedürfnisse mit inbegriffen, erst mit ihrer Befriedigung sich entwickeln können, glaubte aber dadurch das Problem gelöst zu haben, daſs er die Erfindungen und Entdeckungen, die, seiner Auffassung gemäſs, die neuen Bedürfnisse erzeugen, auf den Nachahmungstrieb und die Imagination zurückführt[2]. G. Tarde lieſs die allgemein bekannte Thatsache auſser acht, daſs die Entstehung neuer Bedürfnisse nicht nur Erfindungen und Entdeckungen, sondern meistenteils auch mühselige, in hohem Grade manchmal unangenehme, erschöpfende und peinliche, physische und geistige Arbeit zu ihrer unbedingt notwendigen Voraussetzung habe, die gerade der an sich angenehmen, schwungvollen, freien, ungehinderten Thätigkeit der Einbildungskraft vollständig entgegengesetzt ist und auch mit der imitativen Thätigkeit sich nicht identifizieren läſst.

3.

Wir wollen trotzdem die Bedeutung des freien Thätigkeitstriebes in der Geschichte der Entwicklung der menschlichen Bedürfnisse etwas näher prüfen. Auf den ersten Blick könnte es scheinen, daſs in dem Thätigkeitstrieb gerade der mächtigste Anstoſs zur Entstehung neuer Bedürfnisse liege. Der Gedanke liegt ja nahe, daſs dieser „nie ruhende Trieb, der zunächst aus einem der allgemeinsten menschlichen Gefühle, dem Kraftgefühl der Nerven und Muskeln, die ihre überschüssige Energie irgendwie verbrauchen müssen, hervorgeht"[3], den Menschen, auch den primitivsten, zu verschiedenen Bewegungen und Thätigkeiten veranlasse, welche zufälligerweise zur Erlangung neuer Objekte, wie auch zu Erfindungen, Entdeckungen und an-

---

[1] Les lois de l'imitation. Paris 1895. chap. IV. p. 101—102.

[2] G. Tarde überschätzt einerseits die sociale Bedeutung der Nachahmung und andererseits behandelt er dieselbe einseitig, und zwar ausschlieſslich von ihrer passiven Seite. Seine allerdings sehr originelle These: Qu'est-ce que la société? nous avons repondu: c'est l'imitation (a. a. O. p. 80), läſst das eigentliche social-ökonomische Zusammenwirken der Menschen, das auf die Befriedigung der Bedürfnisse gerichtet ist, völlig unbegründet. Diese Nachahmungstheorie erklärt nicht die Entstehung, sondern bloſs die Verbreitung der Bedürfnisse innerhalb der menschlichen Gesellschaft.

[3] G. Schmoller a. a. O. S. 28—29.

deren unerwarteten Resultaten führen könnte. Haben aber diese Objekte, Erfindungen etc. sich dem Menschen von irgend einer nützlichen Seite gezeigt, so entstehen dadurch auch neue Bedürfnisse. So ist es ja sehr wohl denkbar, dafs ein Mensch zufälligerweise, ohne jeden wirtschaftlichen Zweck, einfach aus dem Überflufs an Mut und physischer Energie, einen hohen Berg besteigt, dort aber, plötzlich von dem wunderbaren Anblick des Sonnenunterganges überrascht, einen neuen, edlen Genufs kennen lernt, woraus ein neues Bedürfnis sich entwickelt. In der Folge kann der Mensch speciell wegen des neuen ihm dort sich darbietenden Genusses auf den Berg klettern, dadurch aber verwandelt sich dieses Klettern aus einer zuerst freien Thätigkeit in eine zweckmäfsige, gewissermafsen wirtschaftliche Handlung. Ist aber einmal der Mensch munter und thätig, was kann er nicht alles leisten, besonders dann, wenn König Zufall ihm seine Gunst nicht entzieht? Allerdings läfst sich gegen diesen Gedanken der Einwand erheben, dafs der Hinweis auf den Zufall die eben geschilderte Entstehungsart von neuen Bedürfnissen blofs als etwas Mögliches, nicht aber als etwas Notwendiges erscheinen lasse, daher auch die ganze Erklärungsweise keinen Anspruch auf den Rang eines wissenschaftlichen Erklärungsprincips erheben könne. Dieser Einwand wird sofort hinfällig, wenn wir bedenken, wie beschränkt die menschliche Einsicht ist, und dafs es dem forschenden Geist des Menschen auf keinem Gebiete der Wissenschaft bis jetzt auch nur annäherungsweise gelungen ist, einen mehr oder weniger vollständigen und lückenlosen ursächlichen Zusammenhang einer gröfseren Zahl aufeinander folgender oder nebeneinander laufender Erscheinungen darzustellen, weswegen die menschliche Vernunft noch überall den Zufall in den Bereich der wissenschaftlichen Erörterungen zu ziehen gezwungen ist und sich zufrieden geben mufs, wenn es ihr gelingt, mit Hilfe des Zufalls eine, wenn auch unvollständige, Reihe kausaler Abhängigkeiten zu konstruieren.

Indessen würde eine tiefere Einsicht in die sämtlichen Bedingungen, die zur Entstehung neuer Bedürfnisse notwendig sind, uns sofort klar machen, dafs die freie, absichtslose Thätigkeit, die blofs auf den Ausflufs überschüssiger Energie zurückzuführen ist, nur sehr selten, man könnte sogar sagen, ausnahmsweise, als Ausgangspunkt bei der Entstehuug eines neuen Bedürfnisses hervortreten könnte. So sehr ist diese freie Thätigkeit von derjenigen Thätigkeit des Menschen verschieden, die, als wirtschaftliche bekannt, thatsächlich der Befriedigung der Bedürfnisse dient. Mitunter kommt es uns sogar unmöglich vor, dafs die freie Thätigkeit sich in eine zweckmäfsige, wirtschaftliche Handlung verwandeln könne; daher scheint es uns auch fast unglaublich, dafs diese unwirtschaftliche Verausgabung der menschlichen Kraft irgendwie zur Entstehung wirklicher Bedürfnisse, d. h. zu wirtschaftlichen Erfolgen geführt haben sollte.

Betrachten wir nun sowohl die wirtschaftliche wie auch die freie oder unwirtschaftliche Thätigkeit des Menschen, wie sich dieselben in ihren wesentlichen und charakteristischen Eigentümlichkeiten uns darstellen.

Folgende drei Unterschiede lassen sich in den beiden genannten Thätigkeiten feststellen:

1. Jede wirtschaftliche Thätigkeit hat zu ihrem Zwecke die Befriedigung eines Bedürfnisses[1]; dagegen findet die freie Thätigkeit in sich selbst ihren einzigen Zweck. Sie wird daher auch ästhetische Thätigkeit genannt.

2. Die freie Thätigkeit äufsert sich in allerlei Bewegungen, die abwechselnd sämtliche Funktionen des Leibes und des Geistes beschäftigen, die wirtschaftliche Thätigkeit dagegen in einer bestimmten Summe von Bewegungen, die einseitig gerade einzelne Funktionen des Körpers und der Seele besonders in Anspruch nehmen. Die erstere Thätigkeit also ist, wenn man so sagen kann, excentrisch, die letztere dagegen charakterisiert sich durch ihre Konzentration.

3. Die ästhetische Thätigkeit unterscheidet sich daher auch noch dadurch von der Arbeit (wirtschaftl. Leistung), dafs die erstere eben mit einem Lustgefühl, die letztere dagegen mit Unlustempfindungen verknüpft ist.

„Das Wesen des Dranges zur Bethätigung — sagt Wagner — der Freude am Thätigsein, liegt in dem Reiz, dem Antrieb zum Handeln wegen der Lustgefühle, des Genusses, der Freude, welche das Handeln als solches, d. h. als Bethätigung und Beschäftigung von Leib und Geist in sich enthält[2].“

„Bei der ästhetischen Thätigkeit wird nichts weiter ververlangt, als eine unmittelbare Befriedigung plus die Erhaltung oder Steigerung der Leistungsfähigkeit. Der ästhetische Charakter eines Gefühls ist in der Regel mit der Ablösung desselben von der Aufgabe, dem Leben zu dienen, gegeben[3].“ Diese Ablösbarkeit von den dem Leben unmittelbar dienenden Funktionen ist eine der Vorbedingungen für die Erhaltung des ästhetischen Charakters jeder Thätigkeit[4]. Und das ist ja leicht begreiflich. Das Leben ist ein schwerer,

---

[1] „Die Arbeit — drückt sich Dühring treffend aus — findet nie in sich selbst, sondern stets nur in ihrem Zweck einen natürlichen Schwerpunkt.“ Kritische Grundlage der Volkswirtschaftslehre. S. 286.

[2] A. a. O. § 42. S. 146.

[3] Herbert Spencer, Die Principien der Psychologie, übersetzt von B. Vetter. Stuttgart 1886. Bd. II. §§ 533—535.

[4] „Ein Lust- oder Unlustgefühl kann ästhetisch genannt werden, wenn es nicht (jedenfalls nicht unmittelbar) durch etwas erzeugt wird, das praktische Instinkte und Triebe in Bewegung setzt.“ Höffding a. a. O. S. 313.

höchst gefährlicher, oft erschöpfender und sehr drückender Kampf ums Dasein, mitunter ein bellum omnium contra omnes, und gern wäre der Mensch diesen gefährlichen, unangenehmen, mit den gröfsten Anstrengungen des Körpers und des Geistes, verknüpften Kämpfen aus dem Wege gegangen, wenn nicht die obwaltenden, für die Erhaltung des Individuums und der Art notwendigen Bedürfnisse ihn gebieterisch gezwungen hätten, zu arbeiten und zu kämpfen. Sind aber die alltäglichen Sorgen beseitigt, so wendet der Mensch dem praktischen Leben den Rücken und sucht für die noch etwa übrig bleibende Energie eine freie, leichte, sorglose Bethätigung. Daher äufsert sich diese ästhetische Thätigkeit im Spielen, im Tanzen, Singen etc. etc.

Die Thätigkeiten, — sagt Wagner — die wir als Spiel bezeichnen, stimmen mit den ästhetischen Thätigkeiten darin überein, dafs weder die einen, noch die anderen irgendwie unmittelbar zu den dem Leben förderlichen Prozessen beitragen[1].

Diese ästhetischen Thätigkeiten bestehen darum gewöhnlich aus harmonischen Bewegungen, die nicht zu anstrengend sind und gleichmäfsig die in verschiedenen Nervencentren angesammelte Energie zur Auslösung bringen. Sie sind also, mit der praktischen Thätigkeit verglichen, eine Erholung, eine Art Ruhe. „Der Begriff des interesselosen Wohlgefallens hatte Kant zu dem Satze veranlafst, der Mensch verhalte sich bei der Betrachtung des Schönen spielend, was ein ganz richtiger Ausdruck für die Abstraktion von jedem weiteren Zweck ist. Beim Genufs des Schönen ruht der Mensch gleichsam aus in der Betrachtung der schönen Erscheinung, er fühlt sich weder innerlich noch äufserlich gezwungen[2]."

Auch die einfachen Empfindungen jeder Art, welchen die ästhetische Eigenschaft zukommt, sind wahrscheinlich dann mit diesem Namen zu bezeichnen, wenn die physischen Ursachen derart sind, dafs sie den Sinnesapparat in möglichst wirksame und ungehinderte Thätigkeit treten lassen. „Töne von schöner Klangfarbe und vollkommener Harmonie zeichnen sich dadurch aus, dafs sie aus Schwingungen entstehen, welche solche Beziehungen zu einander haben, dafs in unserem Ohre der möglichst geringste Widerstreit verschiedener Prozesse und der höchste Grad von sich unterstützenden Wirkungen erreicht wird, — wodurch eben die höchste Summe normaler Erregung in den afficierten Nervencentren entsteht" ....

„Jede Thätigkeit wird um so mehr der ästhetischen Form

[1] Wagner a. a. O. S. 147.

[2] G. Schmoller, Zur Litteraturgeschichte der Staats- und Socialwissenschaften. Leipzig 1888. S. 15 ff.

sich annähern, je mächtiger sie erscheint, und je vollkommener sie des Anhangs irgend welcher Einheiten schmerzlichen Gefühls entkleidet ist, wie solche aus diskordanten Schwingungen der Luft- oder Ätherwellen entstehen könnten, denn solche Einheiten schmerzlichen Gefühls sind stets die Begleiterscheinung eines Übermafses der Funktion einzelner Nervenelemente [1]."

Dieses Übermafs der Funktion einzelner Nerven- und Muskelelemente ist aber gerade das charakteristische der wirtschaftlichen Thätigkeit, der Arbeit überhaupt. Das Bedürfnis, dem die entsprechende Arbeit Genüge thut, unterwirft sich die menschlichen Bewegungen, kombiniert und konzentriert dieselben in bestimmten Formen und einer bestimmten Richtung, wodurch die Arbeit nicht gleichmäfsig alle Teile des Leibes und Geistes beschäftigt, sondern einen Teil der leiblichen und seelischen Organe auf Kosten der übrigen übermäfsig anstrengt; dadurch aber erzeugt sie ein Unlustgefühl, oft intensiver Natur, ist daher auch dem freien Willen des Menschen entgegengesetzt. Erst der Erfolg der Arbeit, die durch sie erreichte Bedürfnisbefriedigung, verleiht ihr einen Sinn, manchmal sogar ein Lustgefühl. Die Arbeit als solche ist, um mit Hegel zu sprechen, eine Negation der Lust, da dieselbe die freie, Lust erzeugende Äufserungsform der menschlichen Kraft in eine unfreie, konzentrierte, anstrengende Thätigkeitsform umsetzt, — und erst durch Befriedigung eines entsprechenden Bedürfnisses vollzieht sie eine Negation der Negation und verwandelt sich wiederum in ihren Gegensatz, in einen positiven Zustand der Lust und des Behagens.

Diesen Gegensatz zwischen der freien Thätigkeit und der Arbeit betont A. Wagner mit besonderem Nachdruck [2].

„Aber das möchte keinem Zweifel unterliegen, sagt Wagner u. a., dafs es zahlreiche und wichtige, auch ganz unentbehrliche Arten von Arbeit giebt, bei denen auch günstigen Falles das Lustmoment ein Minimum wird oder verschwindet, und das Lastmoment ein Maximum wird oder allein empfunden wird . . . Es gilt dies nicht nur von ästhetisch widerwärtigen Thätigkeiten, wie unangenehme Reinigungs- und dergleichen Arbeiten, nicht nur von ungewöhnlich schweren belästigenden Arbeiten, woran man in solchen Fällen gedacht hat . . . Schwieriger, weil viel allgemeiner, liegen die Verhältnisse bei den auf weitgehender technischer Arbeitsteilung und Maschinenanwendung beruhenden Produkten . . ."

„Schon beim Kinde setzt jede überlegte, zu einem bestimmten Zwecke führende Thätigkeit die Hemmung der eng miteinander verknüpften Bewegungen, Sonderung, Kom-

[1] Herbert Spencer, Die Principien der Psychologie (übersetzt von Vetter). 1886. Bd. II. § 536. S. 716 ff.

[2] A. a. O. § 43. S. 109 ff.

binierung verschiedener sich oft gegenseitig widerstrebender Bewegungen voraus, sie fordert Aufmerksamkeit, Konzentration der Gedanken etc." [1], kurz, sie verlangt eine höchst peinliche, schwer zu überwältigende Regehaltung der Funktion bestimmter Teile des Körpers und des Geistes, und dies ist mit deutlich empfundenem Unlustgefühl verbunden. Erst die Gewohnheit und der mit derartigen Anstrengungen verbundene Erfolg vermindert, wie wir schon bemerkten, allmählich das Lastmoment, und unter Umständen kann die an sich unangenehme Arbeit schliefslich angenehm und lusterregend werden. Dies aber setzt eben die Wiederholung und das Vorhandensein eines Bedürfnisses als Motiv voraus. Dort aber, wo das Motiv fehlt, wo das Bedürfnis gar nicht vorhanden ist, fällt das Lustmoment völlig weg, die Arbeit ist dann blofs eine Qual, und daher — unwirtschaftlich und sinnlos. Auch die geistige Thätigkeit, das Denken, ist eine konzentrierte Thätigkeit, daher unangenehm und unerträglich, wenigstens im Anfange. „Auch die geistige Arbeit, — meint Lippert — fühlt der Mensch an dem entsprechenden Organ als das, was sie ist, als eine Arbeit . ., und von dieser Arbeit will er ruhen, oder aber blofs ihren sorgenlosen Inhalt in seiner freien Thätigkeit beibehalten . . . Daher zieht der Mensch in seinen heiteren Mufsestunden den freien Flug der Phantasie jeder konzentrierten und somit unangenehmen Denkthätigkeit vor."

Mit anderen Worten: die meisten menschlichen Bedürfnisse erheischen zu ihrer Befriedigung eine körperliche und seelische Bethätigungsweise, die durch die ganze Natur ihrer Verwirklichung, durch ihren ernsten, konzentrierten Charakter, durch die in ihr enthaltenen Lastmomente so sehr von den ungezwungenen, freien, angenehmen Bewegungen, welche sich in der ästhetischen Thätigkeit manifestieren, abweicht, dafs diese zur Befriedigung irgendwelcher Bedürfnisse nötige Thätigkeit nur in seltenen Fällen aus der freien Thätigkeit sich entwickeln könnte.

Es ist daher begreiflich, dafs der Thätigkeitstrieb schon auf den allerfrühesten Stufen der gesellschaftlichen Kultur verschiedene Äufserungsformen der ästhetischen Thätigkeit mit ungewöhnlicher Leichtigkeit hervorrief; dagegen in den relativ späteren Kulturperioden jeder ernsten Arbeit, geistiger wie physischer Art, grofse Hindernisse in den Weg legte. Die Geschichte der menschlichen Kultur liefert uns unzählig viel Beispiele hierfür.

„Selbst der primitivste Mensch besitzt eine überaus feine Empfänglichkeit für das Glänzende und Seltene, eine Neigung es zu bewundern, sich durch dasselbe fesseln und bestechen zu lassen. Bunte Farben und ihre groteske Zusammenstellung,

[1] Vergl. Preyer a. a. O. S. 150 ff.

musikalische Töne und ihr mannigfaltiger Wechsel gewinnen ihm Beifall ab und erregen ihn in einer Weise, die ihm Wohlgefallen bereitet: er findet eine Befriedigung darin, durch Linien und Farben darzustellen, was beim Anschauen sein Interesse in Anspruch genommen hat, er stellt musikalische Instrumente her und benutzt sie zu seiner Ergötzung, und wenn solche Anfänge der Kunstübung ihm auch keinen idealen Schwung geben, so schafft er doch gleichwohl in ihnen die äufsere Darstellung dessen, was in ihm lebt, eine Verschönerung des Lebens, deren blofser Versuch ihn schon, wegen des in ihr liegenden geistigen Gehaltes, weit über die Stufe emporhebt, auf welcher wir selbst die begabtesten Tiere stehen bleiben sehen[1]."

Das frühe Erwachen des ästhetischen Sinnes offenbaren die Funde in den Höhlen aus der Renntierzeit, deren Bewohnern schon ein grofser Nachahmungstrieb eigen war. „In den Höhlen von Savigné, Dorlogne, Langerie, Basse, Bruniquel u. s. w. fand man schöne, wenn auch rohe Skizzen auf Knochen und Stein eingeritzt; Bildwerke, welche die Griffe von aus Knochen gefertigten Dolchen zierten, Schnitzereien in Horn und auf Mammutzähnen u. s. w., darunter solche, welche in Form und Technik den von den Eskimos vor dem Verkehre mit civilisierten Nationen und auch heute noch angewandten ähnlich sehen. Die Museen nordischer Altertümer in Kopenhagen und Stockholm enthalten eine grofse Zahl von Gegenständen aus der Steinzeit von auffallend schöner Arbeit; so aus freier Hand verfertigte Thongefäfse, Granitgeräte etc.; aus dem Broncezeitalter reiche Sammlungen von Schmuckgegenständen, Geräten und Waffen in teilweise sehr schönen Formen[2]."

Wallace findet es sogar höchst merkwürdig, dafs der Kunstsinn mit einer so niedrigen Stufe der Civilisation, wie sie in Neu-Guinea zu Tage tritt, sich vereinbart. „Die Bewohner von Dorey, welche allen Sinn für Ordnung, Bequemlichkeit und Vollständigkeit gänzlich vermissen lassen, in den elendesten und schmutzigsten Schuppen wohnen und in Lumpen sich hüllen, zeigen eine grofse Geschicklichkeit als Holzschnitzer und Maler. Die Aufsenseite ihrer Häuser bedecken sie mit rohen aber charakteristischen Figuren; ihre Boote verzieren sie mit geschmackvoller durchbrochener Arbeit[3]." „Mit grofser Handfertigkeit haben die Buschmänner vom Kap bis

[1] Waitz a. a. O. T. 2. S. 317 ff.

[2] Felix a. a. O. III. S. 124–25. Vergl. Peschel a. a. O. S. 44–45. Vergl. auch Ed. B. Tylor, Die Anfänge der Kultur. (Übersetzt von Spengel u. Poske. Leipzig 1873.) Kap. II.

[3] A. R. Wallace, Der Malayische Archipel. (Deutsch v. A. B. Meyer.) Braunschweig 1869. Bd. II. S. 300/301.

über den Oranjeflufs die Felsen mit Tier- und Menschenbildern in roter und brauner Farbe bemalt, oder auch auf dunklem Grunde hell ausgekratzt; und die Abbildungen, die wir davon besitzen, berechtigen den Ausspruch, dafs die Umrisse naturgetreuer erscheinen als auf vielen ägyptischen Denkmälern[1]."

Die Neigung zur freien, normalen, ungehinderten ästhetischen Thätigkeit zeigt sich noch deutlicher in dem Spiel, dem alle primitiven Völker leidenschaftlich ergeben sind. „Das Spiel ist älter als die Arbeit, die Kunst älter als die Nutzproduktion. Selbst bei den höher stehenden Naturvölkern, wo beide Elemente sich voneinander zu scheiden beginnen, geht der Tanz noch jeder wichtigeren Arbeit voraus oder folgt ihr (Kriegs-, Jagd-, Erntetänze), und der Gesang begleitet die Arbeit[2]."

„Das Spiel ist ja gleichfalls eine künstliche Übung von Kräften, — meint H. Spencer[3] — die in Ermangelung ihrer natürlichen Übung so sehr bereit sind, in Wirksamkeit zu treten, dafs sie, um erstere zu ersetzen, in nachahmenden oder vortäuschenden Thätigkeiten sich Luft machen." Die Spiele haben den Zweck, nicht einen Ersatz des praktischen Lebens zu schaffen, sondern die praktische Thätigkeit zu veredeln, zu erhöhen. Denn im Spiel wird zwar das wirkliche Leben nachgeahmt, aber demselben wird sein unangenehmer, gefahrvoller Charakter genommen. Das Spiel ist eine Wiederholung des Lebens in einer freien, ästhetischen Form, befreit von allen seinen belastenden Momenten. So vergegenwärtigte man sich die öffentlichen Kampfspiele, die den Krieg nachahmten, aber ohne die Gefahren und Strapazen des wirklichen Krieges[4].

In ähnlicher Weise hat der Mensch auf dem Gebiete der geistigen Thätigkeit die schwere, höchst qualvolle Arbeit des Denkens durch die leichte, angenehme, beruhigende Thätigkeit der Phantasie ersetzt, sobald ihn die dringenden Sorgen des Lebens nicht zum Denken zwangen[5].

---

[1] Peschel a. a. O. S. 146.

[2] K. Bücher a. a. O. S. 34.

[3] A. a. O. § 533.

[4] „Wenn das gebieterische Bedürfnis befriedigt ist, und man sich nach der Anstrengung erholt hat, entsteht ein Bedürfnis der Bewegung um ihrer selbst willen. Der Wilde führt seine Kampfspiele auf und findet für seine wiedererworbene Energie einen Ausflufs in heftigen Bewegungen. Sowohl im Putze als im Spiele äufsert sich eine gewisse Befreiung von praktischen Rücksichten, ein freies Spiel der Kräfte; es wird nicht nur ein reelles, sondern auch ein ideelles Leben geführt." Höffding a. a. O. S. 369.

[5] Auch die Rätsel, Wortspiele etc. sind geistige Übungen leichter Natur, die, obwohl sie mit einer gewissen Anstrengung des Denkapparates verbunden sind, immer angenehm sind und nie allzusehr unseren Geist ermüden. „Schon auf der ersten Stufe der erwachenden dichterischen Kraft regt sich bei den meisten Völkern das Verlangen

Daher erklärt sich die Vorliebe der primitiven und halbkulturellen Völker für die Mythologie. In Gestalt der Mythologie offenbart sich die Religion als das Ergebnis einer ästhetischen, beruhigenden Thätigkeit des menschlichen Geistes. Die Religion überhaupt übt eben einen ungewöhnlichen Einflufs auf den Menschen aus, indem sie ihn von dem Leben, seinen Sorgen und Bedürfnissen abwendet und seinen Blicken eine reiche, weite schöne Zukunft zeigt. Selbst solch ein unversöhnlicher Gegner der Religion wie Nietzsche findet sich genötigt, ihre hohe ästhetische Bedeutung zu betonen.

„Den gewöhnlichen Menschen, den meisten wenigstens, giebt die Religion eine unschätzbare Zufriedenheit mit ihrer Lage und Art, etwas von Verklärung und Verschönerung, etwas von Rechtfertigung des Alltagsgetriebes, und sie umwebt mit Sonnenglanz auch solche immer geplagte Menschen [1].“

Sogar die eigentliche Kunst, in der sich die freie, von dem praktischen Leben abgewendete Thätigkeit des menschlichen Geistes manifestiert, kann sich nicht lediglich aus dem ästhetischen Thätigkeitsdrang zu wirklichen, wertvollen Kunstschöpfungen emporschwingen. Jede gestaltende Kunst hat einen bestimmten Zweck und beruht in ihrer primitivsten und rohesten Form wahrscheinlich auf dem Nachahmungstrieb. „Wenn sich eine Kunst bei wilden Stämmen bis zu einem rudimentären Zustande zurück verfolgen läfst, so lassen sich deutlich die Spuren der Nachahmung erkennen [2].“

Die primitive bildende Kunst geht aber auch einen Schritt weiter und bringt einfache, leicht herzustellende Kombinationen der nachgeahmten Elemente, in denen sich schon die Thätigkeit der Imagination offenbart. Bei alledem geht sie über rohe Ansätze der künstlerischen Bildungen nicht hinaus. „Um z. B. bei künstlerischen Gesamtbildern, die aus wirklichen Gegenständen oder gewollter Darstellung solcher, mit all' ihren Schatten, Lichtern und Farben zusammengesetzt sind, einen wirklichen ästhetischen Erfolg zu erzielen, müssen die Regeln der Harmonie, der richtigen Über- und Unterordnung der Teile und ihrer Massenverhältnisse einigermafsen innegehalten werden. Es mufs der ästhetischen Forderung einer gewissen Mannigfaltigkeit Rechnung getragen werden, die grofs genug sein soll, um Einförmigkeit zu verhüten, aber nicht so weitgehend, um die Aufmerksamkeit zu zersplittern [3].“

Alles das verlangt aber schon einen hohen Grad der

---

nach dem fröhlichen, oft neckischen Spiel mit Wortspielen, Rätseln und Sprichwörtern.“ Konrad Ohlert, Rätsel u. Gesellschaftsspiele der alten Griechen. 1886. S. 3 ff. Vergl. auch Herder, Der Geist d. hebr. Poesie. Bd. XII. S. 192.

[1] Jenseits von Gut und Böse. 1900. § 61.

[2] Vergl. Ed. Tylor a. a. O. S. 64.

[3] Spencer a. a. O. Bd. II, § 537.

geistigen und körperlichen Anstrengung, was der freien Thätigkeit des Menschen entschieden widerspricht. Es mufs also das ästhetische Bedürfnis nach dem edlen Genufs der schönen Form so stark entwickelt sein, dafs es die Lastmomente der schöpferischen Thätigkeit überwindet; das zarteste Gefühl der Schönheit ist aber selbst ein Produkt der Entwicklung, z. T. selbst durch das künstlerische Schaffen bedingt, kann also demselben nicht schon auf der primitivsten Stufe der Kultur vorausgegangen sein.

„Zunächst — sagt C. Schnaase — tritt das Wohlgefallen an der Form wirklich in der Form des Überflüssigen und Nutzlosen stark hervor, und dies ist die Weise, in welcher es sich bei den Völkern und bei dem einzelnen gewöhnlich zuerst zeigt. Eine harmlose Freude an der Wohlgestalt, frei von gröberen, sinnlichen Zwecken, aber auch ohne Empfindung für eine tiefere Bedeutung, ein kindliches Tändeln mit den Dingen, die uns freundlich und gefällig erscheinen, so tritt es uns entgegen [1].“

Von einem kindlichen Tändeln mit den Dingen bis zum wirklichen künstlerischen Produzieren ist aber eine grofse, sehr schwer überwindbare Entfernung. Daher wendet sich auch der primitive Mensch von dem ernsten, künstlerischen Schaffen ab und bevorzugt das freie Spiel, wo „die Härte des Zweckes die Schönheit nicht zerstört“.

Die Entstehung der höheren Künste wird damit auch zu einem socialen Problem [2].

Aufser der durch die Natur des Menschen und das Wesen seiner Thätigkeit bedingten Neigung zur freien, gleichmäfsigen, ungehinderten Verausgabung der Kräfte, die sich als bedeutendes, scheinbar unüberwindliches Hindernis für die Bedürfnisentwicklung herausstellte, tritt eine noch gewaltigere Macht der Entstehung neuer Bedürfnisse entgegen, — die blind wirkende Macht der Gewohnheit, die dazu oft mit dem heiligen Nimbus der Religion umgeben, jedem Fortschritt gewaltigen Widerstand bietet.

Wie weit die Macht der Gewohnheit die Menschen sich zu unterjochen versteht, erhellt aus den verschiedenartigen Versuchen, die mit den Kindern der Wilden vorgenommen wurden und durchaus zu keinen positiven Resultaten führten. „So wurde z. B. ein junger Botokudenknabe von einer europäischen Familie in Brasilien erzogen. Er erwarb sich das Doktordiplom, und nach Jahren erhielten seine Pflegeeltern die sichere Kunde, dafs er Kleider und Erziehung abgestreift habe und nackt mit einer Horde in den Wäldern umherirrte.

[1] Geschichte d. bildenden Künste bei d. Alten. Bd. I. 2. Aufl. S. 4.

[2] Siehe auch Schnaase a. a. O. S. 10. Vergl. auch Lange: Die Arbeiterfrage. 5. Aufl. S. 154 ff.

Ein andrer Wilder, der eine besonders sorgfältige Erziehung in England erhalten hatte, in den Salons der höheren Aristokratie verkehrte und schliefslich zu den Seinigen, zu den Feuerländern gebracht wurde, zögerte nicht eine Minute, die Genüsse der Kultur mit dem freien Leben der Wilden zu vertauschen[1]."

Bekannt ist auch die Hartnäckigkeit, mit welcher auf einer niederen Stufe stehende Völker und Stämme die europäische Kultur bekämpfen und ihrer Einführung sich widersetzen. Sogar die allernützlichsten Einrichtungen werden dankend abgelehnt.

Die Entwicklung der Bedürfnisse hat demnach mit instinktiven, in der Natur der Menschen liegenden, blinden Mächten zu kämpfen, und wenn sie trotz alledem doch sich Bahn bricht und den Menschen sogar die Arbeit angenehm macht, so bleibt ihre Erscheinung für uns ein wahres Rätsel.

4.

Das Problem der Bedürfnisentwicklung läfst sich noch von einer andern Seite betrachten, die ebenfalls von grofser Bedeutung ist. Jede Entwicklung der Bedürfnisse setzt eine erhöhte Produktivität der Arbeit voraus, jede Erhöhung der Arbeitsproduktivität setzt aber wiederum solche Formen der Produktion voraus, die unmöglich sind, bevor wirkliche neue Bedürfnisse entstanden sind. „Das Wachsen der Volkswirtschaft — bemerkt Roscher mit Recht[2] — beruht hauptsächlich darauf, dafs die Produktion immer gleichsam einen Schritt vor der Konsumtion voraus ist." Dies ist möglich entweder durch Arbeitsteilung oder durch Ersetzung direkter, auf Hervorbringung von Gebrauchsgegenständen gerichteter Arbeit, durch indirekte, d. h. durch solche Arbeit, die auf die Erzeugung der Produktionsmittel sich richtet (Erfindung und Produktion von Werkzeugen, Ausrodung der Wälder, Meliorationen etc. etc.). Wir können diesen Prozefs, nach der Terminologie von Bücher, „Arbeitsverschiebung" nennen[3]. Jede solche Arbeitsverschiebung enthält aber erstens eine Entfernung des Erfolges der Arbeit und zweitens eine erhöhte Koncentration derselben, was notwendigerweise die Lastmomente der Arbeit erhöht. Die Erhöhung der Arbeitsproduktivität wird aufser der Erfindung von Werkzeugen durch die Arbeitsteilung im weitesten Sinne des Wortes bedingt. Diese Arbeitsteilung bedeutet wiederum eine Erhöhung der in der Arbeit liegenden Unlust und ist daher undenkbar, wenn

---

[1] Peschel a. a. O. S. 151—152.
[2] A. a. O. Bd. I, S. 598.
[3] A. a. O. S. 289.

sie nicht durch bestimmte Bedürfnisse hervorgerufen wird. Ich will das Gesagte etwas näher erklären[1]. In der geschlossenen Hauswirtschaft, z. B. [in der Sippenverfassung], haben die Hausgenossen nicht blofs dem Boden seine Gaben abzugewinnen, sondern sie müssen auch alle dabei nötigen Werkzeuge und Geräte mit eigener Arbeit herstellen; sie müssen endlich die Rohprodukte durch Veredelung und Umformung zum Gebrauche geschickt machen. Dies alles ergiebt eine Mannigfaltigkeit der Arbeitsaufgaben und erfordert bei aller Einfachheit der Werkzeuge eine Vielseitigkeit des Könnens und des Verstehens. Also hier haben wir noch keine Arbeitsspecialisierung, obwohl schon die Arbeitsverschiebung vorhanden ist, da die Menschen verschiedene Werkzeuge gebrauchen. Die Entstehung aber einer engeren Specialisierung der Arbeit, d. h. der Anpassung einzelner Mitglieder an bestimmte Arbeitsarten, bedeutet ja eine Steigerung der Koncentration der Arbeitskraft, da der Mensch blofs zu bestimmten Bewegungen ein und derselben Art verurteilt wird, und das Glück der mannigfaltigen Bethätigung verschiedener Muskel- und Nervencentren nicht mehr erfahren kann.

„Eine der unvermeidlichen Folgen der Arbeitsteilung ist die Zerlegung des Arbeitsprozesses in zahlreiche einzelne Phasen, mit wesentlich mechanischer Arbeit, wo jede Teilbarkeit unbestritten in notwendiger Beziehung zum Arbeitsganzen steht, aber nirgends als solche hervortritt . . .

Damit aber fehlt das, was das Lustmoment in der Arbeit bildet, fehlt leider das „geistige Band“, und nur das Lastmoment macht sich empfindlich[2].“ „Es zeigt sich . . ., dafs alle Methoden zur Steigerung der gesellschaftlichen Produktivkraft der Arbeit in der kapitalistischen Form sich auf Kosten des individuellen Arbeiters vollziehen, dafs sie den Arbeiter in einen Teilmenschen verstümmeln, ihn zum Anhängsel der Maschine entwürdigen, mit der Qual der Arbeit ihren Inhalt vernichten, ihm die geistigen Potenzen des Arbeitsprozesses entfremden[3].“

Wenn diese angeführten Äufserungen über die Arbeitsteilung hauptsächlich auf die Arbeitszergliederung sich beziehen, d. h. auf einen solchen Arbeitsteilungsprozefs, bei welchem sich ein einziger Produktionsabschnitt in einfache, für sich nicht selbständige Arbeitselemente auflöst, so läfst sich doch dasselbe auch von den anderen Formen der Arbeits-

[1] Siehe auch H. C. Carey, Die Grundlagen der Socialwissenschaft. (Deutsch von C. Adler.) 1863. I. Bd. Kap. 8.

[2] Ad. Wagner a. a. O. S. 109.

[3] K. Marx, Kapital I. S. 610. Vergl. auch J. St. Mill a. a. O. I. Bd. cap. 2. S. 31 ff.; Carey a. a. O. III. Bd. cap. XLVI. S. 390. Fr. Engels, Anti-Dühring. 1894. S. 314 ff.

teilung (Berufsbildung, Specialisierung, Produktionsteilung) behaupten. Denn jede Specialisierung, Produktionsteilung etc. ist immer mit einer Einschränkung der Bewegungen, mit einer einseitigen Koncentration der Energieentladung in einer bestimmten Form verknüpft.

Eine treffende Charakteristik der Wirkung der Arbeitsteilung auf den Menschen liefert uns Peschel.

„Die roten Indianerstämme Nordamerikas — bemerkt dieser ausgezeichnete Kenner der primitiven Völker — denken sich das Jenseits als eine Fortdauer des irdischen Lebens. Der grofse Geist, so hoffen sie, werde sie in wildreiche Gefilde versetzen. So stellen sich auch die streitbaren Maoris Neu-Seelands das Leben nach dem Tode als eine sich fortsetzende Reihe von Gefechten und Fehden vor, aus denen die Seligen immer wieder erneuert als Sieger hervorgehen. Unsere germanischen Voreltern hegten die gleichen Hoffnungen. Folglich erscheint dem wenig kultivierten Menschen das Leben, welches er lebt, so genufsreich, dafs er sich ein höheres nur als eine Steigerung desselben zu denken vermag. Fragen wir uns nur selbst, ob uns mit einem gesteigerten Diesseits irgendwie gedient wird, ob etwa ein Lohnarbeiter das Leben nach dem Tode sich vorstellen möchte, als ein solches in einer meilenlangen Garnmühle“ [1] — etc. etc. Es ist daher kein Wunder, wenn der Mensch sich einer solchen Arbeitsteilung entgegensetzt, und es ist daher sehr begreiflich, dafs dort, wo neue Bedürfnisse noch nicht entstanden sind, dort also, wo auch kein vernünftiger Grund für die Steigerung der Arbeitsqual auftritt, eine solche Arbeitsteilung der reinste Wahnsinn wäre. Da aber jede Erweiterung der Bedürfnisse schon eine solche Arbeitsteilung voraussetzt, so mufs diese zuerst aus einem anderen Grunde als aus dem Streben nach Befriedigung der kommenden Bedürfnisse der Arbeitenden oder sogar der Nichtarbeitenden abgeleitet werden, was wiederum undenkbar wäre, da jede Arbeit und auch jede Teilung der Arbeit, d. h. Erhöhung ihrer Lastmomente, einzig und allein auf irgend ein Bedürfnis zurückzuführen ist und so einzig und allein in einem Bedürfnisse ihre raison d'être finden könnte.

Merkwürdigerweise fand sogar Bücher, der uns eine in ihrer Tiefe und Schärfe unübertroffene Analyse der socialen Arbeitsteilung gegeben hat, es nicht für nötig, auf sämtliche psychischen und socialen Gründe der Arbeitsteilung näher einzugehen, begnügte sich vielmehr mit der Hervorhebung der rein wirtschaftlichen Bedeutung dieses Prozesses, wodurch sowohl das Problem der Arbeitsteilung wie auch das der Bedürfnisentwicklung eigentlich zur Seite geschoben wurde.

---

[1] Peschel a. a. O. S. 153.

„Die menschlichen Bedürfnisse — äufsert Bücher in seiner Besprechung der Gründe der gesellschaftlichen Arbeitsteilung — sind einer unendlichen Vermehrung fähig; sie ruhen niemals; sie steigern sich intensiv und extensiv im Laufe der Kulturentwicklung. Die für menschliche Zwecke verfügbare Materie ist beschränkt und ebenso die menschliche Arbeitskraft, die ihr Güterqualität verleiht und ihren Vorrat vermehrt. Mit der wachsenden Zahl der Menschen wird das Verhältnis des Gesamtbedarfs zu der Menge des wirtschaftlich verfügbaren Rohstoffes, den die Natur zu bieten vermag, ein immer ungünstigeres. Die zur Produktion des Gesamtbedarfs erforderliche Arbeitsmenge wächst somit aus einem doppelten Grunde: es sollen mehr und bessere Güter produziert werden, und sie sollen unter ungünstigeren Bedingungen hervorgebracht werden. Dies alles zwingt zu möglichst wirtschaftlicher Einrichtung der Arbeitsverwendung . . .

Nun lehrte die einfache Beobachtung — setzt Bücher weiter auseinander —, dafs nicht jeder für jede Arbeit von Natur gleich geeignet ist. Die verschiedenen körperlichen und geistigen Anlagen der Individuen bedingen bedeutende Unterschiede des Arbeitserfolges, die bei fortschreitender gesellschaftlicher Entwicklung oder, was dasselbe ist, bei steigender Vielseitigkeit der Arbeitsaufgaben immer wichtiger werden.

Dazu kommt ein Zweites. Jede neue Arbeitsaufgabe findet im inneren Wesen Widerstände, die bei fortgesetzter Gewöhnung sich stark reduzieren und endlich fast ganz verschwinden.

Alles dies — meint Bücher zum Schlufs — läfst es als Gebot der Wirtschaftlichkeit erscheinen, die Arbeitsaufgaben zu koncentrieren, sie möglichst individueller zu gestalten, um jede Art der Begabung ausnutzen zu können[1]."

Diese Begründung der Entstehung der Arbeitsteilung scheint mir schon deshalb unzutreffend zu sein, weil sie einseitig blofs die wirtschaftliche Bedeutung der Arbeitsteilung und die wirtschaftlichen Motive ihrer Entstehung zu sehr in den Vordergrund schiebt, während sie andere, unzweifelhaft mitspielende sociale und psychische Momente völlig aufser acht läfst. Es scheint mir auch, dafs in Wirklichkeit der wirtschaftliche Erfolg dieser oder jener Form der Arbeitsteilung erst n a c h ihrem Eintreten erkannt wurde, folglich nicht als M o t i v dieser Arbeitsteilung gelten kann. Ich möchte daran erinnern, dafs A. Smiths Hinweis auf die grofse Bedeutung der Arbeitsteilung für die Erhöhung der Arbeitsproduktivität sogar zur Zeit Smiths, wo die Arbeitseilung die gröfsten Fortschritte zu verzeichnen hatte, fast als eine Entdeckung galt und überall Überraschung und Bewunderung hervorrief. Die Berufsgliederung, ohne Zweifel eine der primitivsten Formen der gesellschaftlichen Arbeits-

[1] K. Bücher a. a. O. S. 294—295 f.

teilung, hat sich, was auch Bücher nicht leugnet, am allerwenigsten aus rein wirtschaftlichen Motiven entwickelt.

Aber abgesehen davon enthält die Erklärung Büchers eigentlich zwei wesentlich verschiedene, zum Teil sogar entgegengesetzte Gründe für ein und dasselbe sociale Phänomen. Erstens werden als Grund der gesellschaftlichen Arbeitsteilung die immer ungünstiger sich gestaltenden Produktionsbedingungen, zweitens aber die beständig wachsende Verfeinerung und Vermehrung der Bedürfnisse als Ursache angeführt. Im ersten Falle handelt es sich offenbar um das Streben der Menschen, die schon vorhandenen Bedürfnisse, die durch die immer ungünstiger sich gestaltenden Produktionsbedingungen in ihrer Existenz bedroht werden, auch fernerhin zu erhalten, oder mit anderen Worten, es handelt sich um die Bekämpfung des Mangels und der Not. In letzterem Falle aber erstrebt der Mensch eine Arbeitsteilung zwecks Vermehrung seiner Bedürfnisse oder, was dasselbe ist, zwecks Erhöhung seines Wohlstandes —, hier haben wir also zwei ganz verschiedene Motive, die zu verschiedenen Zeiten auftreten und insofern entgegengesetzt sind, als in der Zeit, wo das eine von ihnen besonders sich bemerkbar macht, das andere gerade von der gesellschaftlichen Bildfläche verschwindet und sich als Beweggrund der menschlichen Handlungen, zu dieser Zeit, nicht erhalten könnte. So würde in der Periode der allgemeinen Not und des Mangels kaum noch von einem Streben zur Verfeinerung etc. der Bedürfnisse die Rede sein können, und umgekehrt würde das Vorherrschen des Strebens nach Vermehrung der Bedürfnisse auf einen relativen materiellen und geistigen Wohlstand deuten, bei welchem eine Bekämpfung der Not nicht stattzuhaben braucht. Wir wollen daher jeden dieser angeführten Gründe für sich betrachten.

Dabei stellt sich heraus, dafs der zweite von Bücher für die Arbeitsteilung angeführte Grund, nämlich die Rücksicht auf eine Vermehrung der Bedürfnisse, auf eine petitio principii hinausläuft. Es wird hier die Arbeitsteilung aus der Bedürfnisvermehrung abgeleitet, während die Bedürfnisvermehrung ihrerseits, ich meine sogar, das Streben nach einer solchen, erst aus der gesellschaftlichen Arbeitsteilung abgeleitet werden könnte. Wir haben schon früher gesehen, dafs bevor eine wirkliche Arbeitsteilung und erhöhte Arbeitsproduktivität eintritt, kein Streben nach Bedürfnisvermehrung in dem Bewufstsein aufkommen kann, um die menschlichen Handlungen in einer bestimmten Richtung zu leiten.

Mit viel gröfserer Wahrscheinlichkeit lassen sich Not und Mangel als Grund der gesellschaftlichen Arbeitsteilung anführen. Nichtsdestoweniger erhebt sich bei näherer Betrachtung des wirklichen Verlaufs der geschichtlichen Kulturentwicklung sehr ernstes Bedenken auch gegen diese scheinbar so plausible Annahme. Denn erstens stimmt mit der Auffassung von Not und Mangel als Grund der Arbeitsteilung die allgemein bekannte Thatsache nicht überein, dafs die gesellschaftliche Arbeitsteilung aufs engste mit der Vermehrung und Verdichtung der Bevölkerung verknüpft ist und nur dort merkliche Fortschritte macht, wo die Bevölkerung relativ zahlreich ist und dicht beisammen wohnt (z. B. in den grofsen Städten), also dort, wo ein relativer Überflufs und Wohlstand vorherrscht und den Bevölkerungszuwachs erheblich begünstigt. Not und Mangel dagegen decimieren die Bevölkerung und verhindern gerade dadurch den Fortschritt der Arbeitsteilung.

Zweitens aber ist es wiederum eine allgemein in der Kulturgeschichte bekannte Thatsache, die selbst Bücher mehrmals betont, dafs in einer gewissen, vielleicht Jahrtausende lang dauernden primitiven Kulturperiode, der Mensch von keinem Produktionsfortschritt etwas wissen wollte, trotz des gröfsten Mangels und der Not, die ihn so fürchterlich drückten. Die Not allein genügt also nicht, um die Entstehung der Arbeitsteilung und des mit ihr verbundenen Arbeitsfortschritts zu erklären.

Schliefslich ist noch folgendes zu bemerken: Bücher hat mit vollem Recht den Zusammenhang, der zwischen der Bedürfnisentwicklung und der gesellschaftlichen Arbeitsteilung zweifellos existiert, in seinen Erörterungen mit allem Nachdruck hervorzuheben gesucht. Er übersieht aber dabei, dafs dieser Zusammenhang sowohl die Bedürfnisentwicklung wie die Arbeitsteilung zu einem Problem erhebt, das scheinbar unlösbar ist. Denn setzt jede gesellschaftliche Arbeitsteilung die Entwicklung der Bedürfnisse voraus, hat diese letztere aber ihrerseits die Arbeitsteilung zur notwendigen Voraussetzung, so scheint damit sowohl die Bedürfnisentwicklung als auch die sociale Arbeitsdifferenzierung und -Vervollkommnung überhaupt Sache der Unmöglichkeit zu sein. Diese Unmöglichkeit tritt noch deutlicher hervor bei der Betrachtung der einzelnen Errungenschaften der menschlichen wirtschaftlich-socialen Kultur. Ich will die wichtigsten von ihnen, die epochemachenden, hier Revue passieren lassen.

A. Sammlung von Vorräten.

Die Sammlung von Vorräten mit der wirtschaftlichen Absicht, die Lebenserhaltung für mehr oder weniger ferne Zukunft zu sichern, ist vielleicht die bedeutendste Errungenschaft des menschlichen Fortschritts, da durch sie der Weg zur dauerhaften Entwicklung, geistiger wie materieller Natur, geöffnet worden ist. „Das blofse Sammeln — bemerkt Schmoller — wurde ein wesentlich anderes, wenn es mit Vorbedacht geschah und zur Vorratsbildung, zur Mitführung der Vorräte auf der Wanderung, zu ihrer Konservierung auf verschiedene Art führte[1]." Ein solcher Vorbedacht aber setzt ein Verständnis für und eine Einsicht in die Zukunft voraus, was dem primitiven Menschen, sogar dem Wilden auf einer relativ höheren Stufe der Kultur völlig abgeht. Dem Wilden, den Darwin über die Ursachen seiner Trägheit befragte, schien selbst der eine Tag zu lang. „Sogar der Indianer, welchen ein Rechts- und Ehrgefühl, ein Mut im Ertragen, ein Selbstgefühl auszeichnet, das jeden Europäer beschämt, teilt mit jedem Hungrigen sein Mahl und verachtet nicht blofs den Besitz überhaupt, sondern noch mehr die europäische Unruhe und Sorge um den Besitz: jeder Europäer kommt ihm geizig vor." „Wie könnt ihr" — fragt er — „so grofse feste Häuser bauen, da das Menschenleben doch so kurz ist?"[2] Der primitive Mensch müfste das Verständnis für die Interessen der Zukunft erst allmählich gelernt haben, und zwar bildeten sicherlich die absichtslos gesammelten und zufällig dann ausgenützten Vorräte einen mächtigen Erziehungsfaktor in dieser Beziehung. Was aber veranlafste den Menschen, Vorräte anzulegen, bevor er die Zukunft zu schätzen gelernt hatte?

„Man sollte denken" — sagt Bücher — „der Hunger, welcher dem Wilden so oft grofse Qual bereitet, müsse ihn von selbst anleiten, Nahrungsmittel, die er zu Zeiten im Überflusse hat, auf spätere Tage aufzubewahren. Aber alle Beobachtungen stimmen darin überein, dafs er daran garnicht denkt. Überhaupt folgt er nur dem nächsten Antriebe; sein Handeln ist rein impulsiv, so zu sagen blofse Reflexbewegung. Je näher bei ihm Bedürfnis und Befriedigung zusammenliegen, um so wohler ist ihm. Der Naturmensch ist ein Kind; er denkt nicht an die Zukunft und nicht an die Vergangenheit. Er vergifst leicht[3]."

Was zwang den freien Urmenschen, die Zukunftssorgen sich aufzubürden?

B. Zähmung der Tiere und ihre Zucht.

„Innerhalb der Kulturstufe der gezähmten und gezüchteten Tiere unterscheiden wir drei verschiedene Grade:

1. Die Tierzucht der Fleischnahrung wegen.
2. Die Zähmung und Zucht des Tieres zur Arbeitshilfe.

---

[1] Grundrifs etc. S. 194.

[2] Schmoller a. a. O. S. 34. Vergl. auch J. St. Mill, Grundsätze etc. Bd. 1, S. 194—196. Th. Waitz a. a. O. II, S. 428. Vergl. Joh. Heckelvelder's Nachricht von der Geschichte, den Sitten und Gebräuchen der Indianischen Völkerschaften, übersetzt von F. Hesse. (Göttingen 1821.) S. 330, 331. Appun, Unter den Tropen. S. 365.

[3] Entstehung etc. S. 24.

3. Die Zuchtart zur Gewinnung der tierischen Milch[1]."

Diese drei verschiedenen Formen der wirtschaftlichen Benutzung der Tiere können nicht den ursprünglichen Zweck der Zähmung resp. Zucht der Tiere gebildet haben, da der frühere Mensch sämtliche Exploitationsformen der Tiere erst allmählich, vermöge der durch die Zähmung und Zucht gewährten langjährigen Erfahrung, kennen gelernt hat.

Dafs der Gedanke an die Fleischnahrung bei der Domestikation, geschweige denn bei der Zucht der Tiere völlig ausgeschlossen ist, läfst sich leicht beweisen, wenn wir wiederum die Frage aufwerfen: Unter welchen Bedingungen konnte die Zähmung und Zucht vor sich gegangen sein? Hier ist nun einer von zwei Fällen möglich. Entweder gewährte dem primitiven Menschen die Jagd den Fleischgenufs zu jeder Zeit, dann wäre die Zähmung und noch mehr die Zucht der Tiere des Fleisches wegen, welche so viel Mühe kostete, eine unnütze und zwecklose Arbeit gewesen. Oder aber die Jagd reichte nicht aus, um dem Naturmenschen das nötige Fleisch zu verschaffen, dann würde es erst recht unwirtschaftlich gewesen sein, die gefangenen Tiere, statt durch dieselben den so regen Fleischhunger zu stillen, zu Objekten mühevoller Versuche der Zähmung und Zucht zu machen, deren Resultate ursprünglich sehr zweifelhaft waren, und die jedenfalls erst in einer sehr fern liegenden Zukunft einen wirklichen Erfolg versprachen. Daher sehen wir auch, dafs die Zähmung, dann auch die Zucht der Säugetiere und Vögel mit solchen Arten anfängt, die gerade keinen wirtschaftlichen Nutzen gewährten.

Es ist ja bekannt, dafs die ersten gezähmten Tiere zu solchen Arten gehörten, deren Fleisch die Menschen verabscheuten. (Papageien, Löwen, Hunde, Katzen etc. etc.)

Noch unwahrscheinlicher würde die Annahme sein, die primitiven Jäger hätten die Tiere der Milch oder anderer wirtschaftlichen Produkte halber zu zähmen und zu züchten begonnen.

Was die Milch betrifft, bemerkt darüber Lippert folgendes:

„Diejenigen, welche sich die Urzeit als eine anheimelnde Idylle vorstellen, haben eine angenehme Vermittlung ausgedacht: sie meinen, dafs es für jeden Kinderzustand der Menschen das Passendste und Gesündeste gewesen sei, von Milch zu leben. Das wäre auch ganz der Natur gemäfs. Aber darnach hat die Menschheit niemals gefragt."

„Vielmehr — fährt unser Kulturhistoriker fort — gehört die Gewinnung der Milch von Tieren für den menschlichen Genufs einer verhältnismäfsig sehr späten Zeit an, und nur ein Teil der Menschheit ist dahin gelangt. Es mag sehr

[1] J. Lippert, Kulturgeschichte in ihrem organischen Aufbau. Bd. I. 1886. S. 489.

naturgemäfs erscheinen, die Fortsetzung des Nährgeschäfts von der Mutter auf das Tier zu übertragen; aber dem widersetzt sich sehr ernstlich das noch ungezähmte Tier.

Aber auch selbst mit der Zähmung des Tieres ist die Kunst des Melkens, der Gewinnung und insbesondere der Aufbewahrung süfser Milch noch lange nicht erfunden. Der Zulu darf sich mit Recht zu den tüchtigsten Viehzüchtern der schwarzen Rasse zählen; aber in der Kunst des Melkens hatte er es aus sich selbst heraus bis auf unsere Zeit nicht weit gebracht. Er sog nämlich die Milch mit den Lippen aus und liefs sie dann in das Sammelgefäfs laufen. Auf solche Weise behandelt und vielfach in Schläuchen aus Tierhaut aufbewahrt, kann solche Milch den süfsen Zustand überhaupt kaum lange behalten. Der Genufs solcher ist gar nicht so beliebt, wie man denken sollte[1]."

Dasselbe läfst sich nicht nur von der Milch, sondern auch von anderen tierischen Produkten sagen.

„Es scheint mir unmöglich — bemerkt mit Recht Ed. Hahn — dafs der rohe Jäger jemals die Geduld und die wirtschaftliche Stetigkeit besessen hätte, Generationen hindurch auf die Entwicklung der Produkte seiner Herdentiere zu warten; was der Hirt von seiner Herde brauchte, waren aufser Fell und Fleisch, die ihm auch die Jagd gewährte, Milch und Wolle; beide aber waren nicht von Anfang an vorhanden; weder die Ziege, deren Milchergiebigkeit ja überall viel gröfser ist, noch das Schaf hatten in der ältesten Zeit, als sie sich zuerst in der Zucht des Menschen fortpflanzten, irgendwie für den Menschen Milch übrig; im Anfang genügte vielmehr die Sekretion der Milch kaum oder gerade für das Junge. Noch schlimmer aber steht es mit der Wolle des Schafes; kein wildes Schaf hat irgend eine ausgesprochene Wollbildung; höchstens als Auszeichnung des Männchens während der Brunst sind einige Partien stärker entwickelt, wie die Mähne des afrikanischen und die Manchetten des sardinischen Wildschafs, die vielleicht der Wollbildung nahe kommen; die Wolle unseres Hausschafes ist eine ausgesprochene Haustiereigenschaft, die Zähmung der Wildschafe kann sie also nimmermehr rechtfertigen[2]."

Kurz, die Milch, Wolle etc. sind P r o d u k t e der Zucht, ihr Gebrauch kann also nicht als die U r s a c h e der Domestikation und Zucht der Haustiere gelten.

Das nämliche läfst sich auch von der Arbeitsleistung der Tiere sagen. Dieselbe ist eine allmählich entwickelte Hauseigenschaft der Tiere. Das wilde Tier, das der Mensch erst zu zähmen unternahm, widersetzte sich ernstlich seiner Knecht-

[1] Die Kulturgeschichte in einzelnen Hauptstücken. I, S. 12—16.
[2] A. a. O. S. 134.

schaft, und die Absicht des Zähmenden und Züchtenden konnte daher nie auf einen solchen Nutzen der Tiere, der in sehr ferner Zukunft lag, gerichtet sein. —

„Ich mufs offen gestehen[1], — sagt E. Hahn, der uns in seinem vortrefflichen Werke eine umfassende Darstellung der Geschichte der Zähmung und Zucht der Tiere geliefert hat — mir scheint der Gedanke ausgeschlossen, dafs man mit der Verwendung eines Zugtieres am Pflug begonnen habe. Das setzt grofse Anforderungen voraus, nicht blofs an den Erfindungsgeist des Menschen, sondern auch an Geduld und Lernfähigkeit bei Tieren und Menschen."

Hahn kommt zu dem richtigen Schlufs, dafs jeder, der über die Entstehung des Zähmens und der Zucht der Tiere nachgedacht hat, gezwungen ist, nach Gründen zu suchen, die die Zähmung der Tiere ohne wirtschaftliche Vorteile bewirkt haben[2].

Die religiöse Macht an sich, die Hahn als Grund der Zucht annimmt, würde, wie wir später sehen werden, das Problem nicht lösen können. Im allgemeinen hat P. R. Bos das Problem in folgender Weise kurz zusammengefafst:

„Der Jäger ist der Feind der Tiere, die er fängt, tötet und ifst. Der Hirt mufs der Freund der Tiere sein, die er hütet und pflegt. Jäger und Viehzüchter verhalten sich geradezu umgekehrt zu den Tieren, es ist also nicht so leicht, sich den Übergang vom Jäger zum Hirten zu denken[3]." Und ebenso schwer ist es, sich die Entstehung des Ackerbaues zu denken.

C. Ackerbau und Gewerbe.

Zuerst der Ackerbau im engeren Sinne des Wortes, der mit Hilfe der Tiere ausgeführt wird.

Der Ackerbau setzt voraus: Getreidepflanzen, Verwendung der Tiere für Bebauung des Ackers, Ackergeräte.

„Die wichtigsten Kulturpflanzen in alter wie in neuerer Zeit — sagt v. d. Golz — sind die Mehlfrüchte, namentlich die Getreidearten; sie kamen bei den Anfängen des Ackerbaus fast ausschliefslich in Betracht[4]."

Der Gebrauch von Getreidepflanzen, die Erfindung von Ackergeräten, die Verwendung von Tieren in der Landwirtschaft, sind solche Erfindungen, die sehr grofse Ansprüche an das Denkvermögen der primitiven Völker stellen, und die jedenfalls erst nach einer langen Reihe von Versuchen und

---

[1] A. a. O. S. 93.

[2] Vergl. auch Roscher a. a. O. Bd. II, S. 8 ff. Bücher a. a. O. S. 32—33.

[3] Jagd, Viehzucht und Ackerbau als Kulturstufen, in „Internationales Archiv f. Ethnographie". Leiden 1879., S. 189.

[4] Schönbergs Handbuch d. polit. Ökon. 2. Aufl. 1885. Bd. II, S. 23.

einer reichen Zahl von Mifserfolgen allmählich zu einer wirklichen Errungenschaft der wirtschaftlichen und geistigen Kultur der Menschen werden konnten. Solche Experimente aber setzen voraus einen Überflufs an Nahrungsmitteln, folglich konnten sie nie zu Nahrungszwecken gedient haben.

Dafs die Pflanzung von Getreidearten ursprünglich nicht zu Nahrungszwecken diente, erhellt ja aus der Thatsache, dafs die Nähreigenschaft der Cerealien erst als Folge ihrer Kultivierung entstanden ist.

„Der Hebel der Entwicklung für die tierischen Ahnen des Menschen war die anmutig-zweckmäfsige Getreidenahrung, und doch stand ihnen diese anmutig-zweckmäfsige Nahrung garnicht zur Verfügung; denn die verwendbaren Früchte der wilden Getreidepflanzen sollten erst durch Zuchtwahl zu einer zweckmäfsigen Nahrung gemacht werden [1].“ Dazu kommt noch ein sehr wichtiges psychisches Moment hinzu: Es mufs darauf hingewiesen werden, dafs der Ackerbau, sogar in seinen beweglichsten Formen, wo er die Freiheit und Bewegung des Jägers resp. Hirten am wenigsten bedrohte, doch dem so an der Freiheit hängenden Nomaden als eine drückende und höchst unangenehme Beschäftigung vorkam. „Als ein Unglück — erzählt v. Middendorf bezüglich der Mongolen — fühlt es der Sohn der freien Natur, der nomadisierende Mongole, wenn er im Schweifse seines Angesichts den Boden bearbeiten soll. So lange kein Unheil über seine Herde vernichtend hinweggeschritten ist, ergiebt er sich nicht in das schreckliche Schicksal, das der Prophet geächtet mit den Worten: Wo nur dieses Werkzeug (der Pflug) hindrang, hat es stets Knechtschaft und Schande mit sich geführt [2].“ „Zum dauernden Ackerbau — sagt Prof. Meitzen — entschliefst sich der Nomade nur im äufsersten Falle, wenn er weder Vieh erlangen, noch bei fremden Herden dienen kann. Ackerbau zu treiben gilt als ein Unglück, das nicht länger als unabweisbar nötig ertragen wird [3].“ Aber auch die viel primitivere Bodenkultur, die blofs auf der menschlichen Arbeit beruht, würde als eine sehr wichtige Erfindung zu betrachten sein, die aufserdem, wie mir scheint, in keinem Falle blofs durch Nahrungsabsichten gezeitigt werden konnte.

Der primitivste Ackerbau war, wie Hahn bewies, der sogenannte Hackbau. Die Hauptrolle dabei spielten Knollenfrüchte.

---

[1] Novacki, Über die Entwicklung der Landwirtschaft in der Urzeit. Thiels Landwirtschaftliche Jahrbücher. Bd. 9. 1880. S. 866.

[2] Ein Blick in das Ferghana-Thal. Mem. der Petersburger Akademie. (Petersburg 1885.) p. 239.

[3] August Meitzen, Siedelung und Agrarwesen der Westgermanen und Ostgermanen etc. Bd. I. (Berlin 1895.) S. 138 f. Vergl. auch Otto Gierke, Rechtsgeschichte der deutschen Genossenschaft. (Berlin 1868.) Bd. I, S. 53—54.

„Knollen — meint Ed. Hahn[1] — sind wohl das erste von Menschen angebaute Produkt gewesen; die Erfahrung war zu naheliegend, dafs eingepflanzte oder vergrabene Knollen eine neue Pflanze liefern konnten; für das wichtigste Gewächs des amerikanischen Hackbaues, den Maniok oder Cassava, soll das freilich nicht zutreffen. Hier sollen die Knollen nicht wieder ausschlagen, dafür aber jeder in den Boden gesteckte Stengel mit gröfserer Leichtigkeit sich bewurzeln. Jedenfalls spreche ich völlig ernst, wenn ich sage, zum Anbau der Knollen konnte der Mensch spielend gelangen. Blieb den Erwachsenen diese Erfahrung verschlossen, so konnten sie sie eben von den Kindern lernen."

Zuerst will ich hier bemerken, dafs ich hinsichtlich der Leichtigkeit des Erlernens des Hackbaues die hier ausgesprochene Meinung nicht zu teilen vermag. Man vergifst dabei zu leicht den grofsen Unterschied in Lebensbedingungen, Denkvermögen und Beziehungen zur Natur, der zwischen dem heutigen über prähistorische Verhältnisse urteilenden Gelehrten und den früheren in jenen Verhältnissen lebenden Naturmenschen besteht. Was dem ersteren so leicht und selbstverständlich scheint, mag trotzdem dem letzteren sehr schwer und fast unbegreiflich vorgekommen sein. Mehrere früher angeführte Thatsachen beweisen dies zur Evidenz.

Aber abgesehen davon, ist mit der Leichtigkeit des Hackbaus die Entstehung desselben am allerwenigsten erklärt.

Es handelt sich hier um die Frage, mit welcher Absicht der primitive Mensch zum Hackbau griff. Dafs der Mensch vom einfachen Sammeln der Knollen zum Hackbau überging, zeigt ja, dafs diese Knollen nicht in der gewünschten Menge vorhanden waren. Herrschte aber ein Mangel an Knollen, so würde der Bau derselben, das Anvertrauen des seltenen Nahrungsmittels an den Boden, der doch unter Umständen das Anvertraute auch nicht zurückgeben kann (Überfälle der menschlichen und tierischen Feinde, Hagel etc.), dem primitiven Menschen unmöglich werden.

Und wenn wir sogar der Hypothese Hahns betreffs der Entstehung des allereinfachsten Hackbaues zustimmen wollten, so würden wir doch dadurch in keinem Falle eine genügende Erklärung für die Entstehung der höheren Formen des Landbaues, die doch an das Denkvermögen und die Einsicht des primitiven Menschen die gröfsten Ansprüche machen, gewonnen haben.

Gewifs hat bei der Entstehung dieser höheren Formen die Not und die wirtschaftliche Absicht, dieselbe zu beseitigen, einen nicht unbedeutenden Einflufs auf den Entschlufs des Menschen ausgeübt. Allein es würde als völlig verfehlt zu

[1] A. a. O. S. 390—391.

betrachten sein, die Fortschritte der Bodenkultur einzig und allein auf den Druck des Mangels und der Not zurückzuführen. Mit Recht bemerkt Malthus: „Wenn Hunger allein ein hinreichender Stachel zum Pflügen wäre, so begreife ich nicht, wie noch ein einziges Jäger- oder Fischervolk in Amerika übrig geblieben sein könnte, aber es ist klar, dafs aufser diesem Stachel noch eine Kette besonders glücklicher Umstände erforderlich ist, um den Jäger in einen Ackerer zu verwandeln [1]."

Viel weitgehender und tiefer äufsert sich Waitz über die Unmöglichkeit der Zurückführung des Fortschrittes der Bodenkultur ausschliefslich auf die fatale Wirkung des Mangels und der Not.

„Ein armes Land — meinte Waitz — bietet dieser Hindernisse für den Fortschritt noch weit mehr; denn ein so wesentliches Bildungsmittel für den Menschen die Not auch ist, so ist sie es doch nicht unter allen Umständen. Es giebt nicht wenige unkultivierte Völker, die alljährlich eine Hungersnot durchzumachen haben und trotz des Besitzes von Nutzpflanzen keinen Landbau versuchen. Die Not spornt sie freilich wie immer zu leiblicher und geistiger Thätigkeit, aber diese ist nur momentan, sie hört sogleich auf, wenn jene Not gehoben ist. Wird aber die Not nicht gehoben, oder geschieht dies nicht durch eigene Thätigkeit, sondern durch einen glücklichen Zufall, so ist sie für den Fortschritt der Bildung überhaupt unfruchtbar, sondern führt in dem einen Falle durch vergebliche Erschöpfung der Kräfte zu vollständiger Erschlaffung in dumpfer Verzweiflung, in dem anderen zu leichtsinniger Sorglosigkeit für die Zukunft [2]."

Da jede Verbesserung der Pflanzenpflege unter allen Umständen als eine Erfindung auftritt, diese Erfindung aber doch nur zufällig sein kann, so fehlt jede Garantie dafür, dafs jede zufällige Verbesserung der Lebenslage mit Hilfe einer zufälligen Vervollkommnung des Landbaus thatsächlich zu einem dauerhaften Emporsteigen der kulturellen Entwicklung und nicht umgekehrt zu einem Verfall und einer Entartung führt.

Bezüglich der Entstehung der Gewerbe läfst sich im allgemeinen dasselbe sagen. Auch die Gewerbe sind insgesamt solche Arten der menschlichen Thätigkeit, die gerade für den Anfänger grofse Schwierigkeiten darbieten, deren Überwindung sehr viel Mühe und eine besondere Koncentration der geistigen und körperlichen Fähigkeiten verlangte, wodurch sie zu der freien ästhetischen Thätigkeit scheinbar in vollen Gegensatz treten.

---

[1] R. Malthus, Versuch über die Bedingungen und die Folgen der Volksvermehrung. (Deutsch von Hegewitsch. Altona 1807.) Teil I. S. 57f.

[2] Waitz a. a. O. T. 2. S. 498.

Kann also weder der Erhaltungstrieb als solcher, noch der freie ästhetische Trieb für sich ein genügendes Erklärungsprincip für die Bedürfnisentwicklung abgeben, so mufs irgend ein anderer, bis dahin noch nicht erwähnter psychischer Faktor, irgend ein aufser acht gelassener Trieb vorhanden sein, der sowohl die Entwicklung der menschlichen Bedürfnisse, wie auch die Vervollkommnung der menschlichen Thätigkeit, wenigstens in Verbindung mit den oben besprochenen primitiven Trieben, uns endgültig zu erklären geeignet ist:

Dieser Trieb ist — das Streben nach socialer Macht.

Zur Analyse des Wesens dieses Triebes und seiner Bedeutung im social-ökonomischen Leben der Menschen wollen wir uns jetzt wenden.

III. Die Lösung des Problems.

1.

Das Streben nach socialer Macht.

„Kein anderes Wesen steht so unter der ansteckenden Herrschaft der Umgebung von Seinesgleichen, wie der Mensch, kein anderes kann sich schon durch Gesten so verständigen, Gefühle und Vorstellungen austauschen. Wie der Mensch gähnt, lacht und tanzt, wenn er andere gähnen, lachen und tanzen sieht, wie die rauschende Militärmusik in Hunderten von Gassenjungen unwillkürlich Reflexbewegungen und Muskelgefühle hervorruft, die sie fortreifsen, im Takte mitzumarschieren, so wirkt alles Menschliche ansteckend[1]."

„Nirgends auf der Erde lebt der Mensch innerlich so isoliert und abgeschlossen gegen Seinesgleichen wie das Tier, die gröfsere Individualisierung seines geistigen Lebens macht ihm dies unmöglich. Zeigt sich an der Macht der öffentlichen Meinung, der sich auch der kulturlose Mensch nicht zu entziehen vermag, in welchem Grade er sich an die Zustimmung und den Beifall anderer innerlich gebunden findet, so wird nicht minder an dem, wenn auch noch so rohen Familienleben der Völker offenbar, in welchem Mafse Verständnis mit anderen und gemeinschaftliche Sorge für die nächsten Angehörigen zu den tiefsten Bedürfnissen des Menschen gehört[2]."

Aber dieser so mächtige Geselligkeitstrieb waltet nicht frei und ungehindert in der menschlichen Seele. Ihm tritt ein anderer Trieb entgegen, der als Originalitäts- oder Individualitätstrieb bezeichnet werden kann. Diese zwei

---

[1] Schmoller a. a. O. S. 9. Vergl. auch Carey, Die Grundlagen der Socialwissenschaft. Bd. I, S. 45—46 (übersetzt von C. Adler, München 1863).

[2] Th. Waitz a. a. O. 2. T. S. 318 ff.

entgegengesetzten Triebe bekämpfen sich fortwährend, ohne dafs der eine von ihnen den anderen besiegen kann.

Nicht der Geselligkeitstrieb als solcher charakterisiert den Menschen, sondern der in ihm tobende Kampf zwischen den socialen und individuellen Neigungen, der in allen Handlungen der Menschen und allen Seelenprozessen sowohl egoistischer wie altruistischer Natur zu Tage tritt. Der wirkliche psychische Prozefs, den wir als Sympathie bezeichnen, enthält thatsächlich zwei entgegengesetzte Gefühle, die sich gegenseitig bekämpfen, sozusagen einander im Schach halten. Das Mitempfinden mit dem Nächsten wird zum Teil durch das entgegengesetzte individualistische Streben nach Absonderung und Entfremdung aufgehoben, und erst der Rest des in diesem Falle stärker auftretenden socialen Gefühls giebt sich dann kund als Sympathie. „Einer der wichtigsten Punkte — sagt Fr. A. Lange — bei der Abschätzung des menschlichen Glückes ist der natürliche Einflufs der Vergleichung, welche jeder Mensch beständig und unwillkürlich zwischen seinem eigenen Zustande und dem seiner Nebenmenschen anstellt[1]." Diese Vergleichung fehlt auch nicht dort, wo wir scheinbar ganz und gar uns in die Seelenstimmung der anderen Menschen hineinleben. Äufsert sich unsere Sympathie im Mitleidsgefühl, so tritt dieses niemals als einfacher Seelenszustand hervor, sondern es erscheint gleichzeitig und im heftigen Kampfe mit seinem gegensätzlichen Gefühl, das sich in diesem Falle als das charakterisiert, was man in seiner völlig entwickelten Gestalt als Schadenfreude bezeichnet. Unser Mitleidsgefühl mag auch noch so stark sein, in der tiefsten Tiefe unserer Seele regt sich das Freudengefühl, dafs uns selbst kein Unglück etc. passiert ist. Im Zustande der scheinbaren Gleichgültigkeit gegenüber fremden Leiden sind das sociale und individuelle Gefühl gleich stark und halten sich gegenseitig gebunden, so dafs keine bemerkbare seelische Bewegung entsteht. Ebenso ist das Gefühl der Mitfreude mehr oder weniger von einem entgegengesetzten, vielleicht im stillen lauernden Gefühl des Neides begleitet.

Umgekehrt enthalten alle unsere egoistischen Handlungen auch sociale Momente.

Der Geizhals mag z. B. im allgemeinen aus egoistischen Gründen seine Schätze häufen, er hat aber doch im Innern seiner geizigen Seele mit seinen socialen Gefühlen, die oft heftig gegen seine egoistische Handlungsweise protestieren, einen mächtigen Kampf auszufechten. Im Resultate bekommen die besiegten socialen Gefühle eine eigenartige egoistische Färbung, aber ganz und gar verschwinden dieselben nie. Der Geizige denkt vielleicht an die sociale Macht, die ihm seine Schätze gewähren, an die Achtung und Ehrfurcht, die er durch seine

---

[1] Die Arbeiterfrage. 1899. S. 124.

Schätze in den Augen seiner Nebenmenschen erwerben kann, vielleicht schwebt mitunter vor seinem geistigen Auge auch das Bild grofser Wohlthaten, die er am Ende mit seinen ersparten Schätzen auszuführen gedenkt etc. etc. Diesen tragischen Kampf in der Seele des Geizigen, den seine individuellen und socialen Neigungen miteinander auszufechten haben, und der bei grofsen Naturen oft so tief die Seele erschüttert, wufste uns der russische Dichter Puschkin in seinem „Geizigen Ritter" in prächtiger, wahrheitsgetreuer Weise zu schildern.

Lotze betont besonders die Macht und den Einflufs der socialen Neigungen, die sich auch dort in der Seele zeigen, wo der Mensch sich scheinbar von der Gesellschaft abwendet.

„Man ist nicht zufriedengestellt durch das einsame Zusammenleben mit einem zweiten; man will ihn in seinem Verhalten zu einem dritten beobachten und sich selbst von ihm in dem eigenen Verhältnis zu diesem dritten beobachtet wissen; man will endlich, dafs das eigene Wirken in seinen wechselseitigen Beziehungen von einer beseelten Umgebung gesehen und anerkannt werde, und völlig unbekannt geniefsen gilt fast dem Nichtgeniefsen gleich. Dieses Bedürfnis geht durch unser ganzes Leben; auch die bescheidenste Liebe will doch ihr Glück zuletzt zeigen; der Freund will vor fremden Augen stolz sein können auf den Freund; das Lob, das der andere uns erteilt, befriedigt uns nicht so sehr, als das Bewufstsein, mit diesem Lob beladen vor einem dritten zu erscheinen; jedes künstlerische Streben bedarf der Anerkennung, und die entsagendste wissenschaftliche Thätigkeit, die, zurückgezogen von der Mitwelt, sich in sich selbst versenkt, rechnet im stillen auf die unsichtbare Nachwelt und ihr Verständnis[1]." Und selbst im Gefühl des Gehorsams, wo der Mensch scheinbar seinen eigenen Willen dem anderen unterwirft (ich rede von Gehorsam, der mit innerer Liebe und Ergebenheit verknüpft ist), sucht thatsächlich der Mensch eine Anlehnung an den Stärkeren, damit seine eigene Persönlichkeit mächtiger werde. Auf dieser Eigentümlichkeit des Gehorsams beruht die Dauerhaftigkeit und aufsergewöhnliche Macht jeder Hierarchie: die allmähliche Abstufung in der Unterordnung der Gewalten giebt jedem einzelnen, der auf dieser oder jener Stufe der hierarchischen Leiter steht, in seinem Gehorsam gegen den Höheren und Vorgesetzten zugleich das Gefühl der Berührung mit derjenigen Macht, die er selbst seinen Untergebenen gegenüber ausübt. Diese Berührung mit der höheren Macht scheint seine eigene Macht zu verstärken, und er gehorcht daher dieser über ihm stehenden Gewalt aufrichtig mit Freude. G. Tarde hat in gewisser Hinsicht recht, wenn er

---

[1] Mikrokosmus. Bd. 2. 4. Aufl. S. 437. Vergl. auch A. Wagner a. a. O. § 39.

den Gehorsam der Beherrschten und Geleiteten, den dieselben ihren Herrschern gegenüber zeigen, aus Anerkennung der Überlegenheit der letzteren, aus Bewunderung ihrer geistigen und physischen Erhabenheit ableitet[1].

Aber andererseits liegt doch in diesem Gehorsam der Wunsch, dieser anerkannten und bewunderten Macht näher zu kommen, und dadurch einen, wenn auch noch so winzigen Teil dieser Macht an sich zu ziehen und für sich wirksam auszunutzen. Vom individualistischen Standpunkt betrachtet erscheint also dieser Gehorsam — als ein Streben nach Macht.

Besonders aber in der Nachahmung zeigt sich deutlich die Wirkung sowohl des socialen wie auch des individuellen Momentes. Die Thatsache, dafs die Nachahmung in den niederen Klassen der Gesellschaft am stärksten sich bemerkbar macht, und dafs diese Klassen die Lebensweise und die Ideen etc. der höheren Stände mitunter erkämpfen mufsten, zeigt uns, dafs die Nachahmung nicht nur ein passives Beinflufstwerden von den höheren Klassen, sondern auch ein aktives Streben nach Gleichstellung und nach höherer Geltung — nach Gleichberechtigung darstellt. Es ist daher, wie mir scheint, nicht zutreffend, wenn G. Tarde meinte, „die Nachahmung sei eine Art von hypothetischer Suggestion“ [2]. Er übersah dabei die aktive Seite dieses socialen Triebes. Viel richtiger fafst H. Spencer[3] das Wesen des Nachahmungstriebes auf. „Nachahmung“ — erklärt derselbe — „kann nur aus zwei von einander abweichenden Beweggründen entspringen. Man kann dazu angetrieben werden durch Ehrfurcht vor dem, den man nachahmt, oder aber durch den Wunsch, seine Gleichstellung mit ihm möglichst bestimmt auszudrücken.“

„Zwischen den Nachahmungen, welche durch diese verschiedenen Beweggründe veranlafst werden — fährt Spencer fort — läfst sich aber keine scharfe Grenze ziehen, und daraus entspringt die Möglichkeit eines allmählichen Überganges von jenen durch die Ehrerbietung veranlafsten Nachahmungen, welche das Zeichen entschiedener Unterordnung sind, zu diesen eher auf Wettbewerb beruhenden Nachahmungen, die ein Zustand verhältnismäfsiger Unabhängigkeit charakterisiert.“

Der Grund dieses Überganges liegt darin, dafs jede Nachahmung thatsächlich zwei entgegengesetzte und doch einander bedingende Momente enthält: die Unterordnung und das Streben nach gleicher Geltung. Von dem Grad der Stärke und Intensität beider Momente hängen die verschiedenen Abstufungen dieses Triebs von scheinbar bedingungsloser Unterordnung

[1] A. a. O. Cap. IV u. VI.
[2] G. Tarde a. a. O. p. 82—83.
[3] Herbert Spencer, Principien der Sociologie. (Deutsch von Vetter.) Bd. III. Stuttgart 1889. § 423. S. 276 ff.

bis zum unabhängigen Wettbewerbe um gleiche Lebensstellung ab. Daher scheint mir auch die Auffassung von Gumplowicz irrig zu sein, der die Bedeutung des persönlichen Interesses und den entschiedenen Gegensatz desselben zum altruistischen Gefühl wegzuleugnen sucht. „Nicht persönlicher Egoismus — meint derselbe — ist die Triebfeder der socialen Entwicklung, sondern Socialegoismus; nicht „Nächstenliebe“ in jenem weiten Sinne der christlichen Theorie, nicht „Sympathie für die Menschheit“, wohl aber Socialsympathie, aufopfernde und liebevolle Hingabe an eine natürliche sociale Gemeinschaft. Durch natürliche Bande des Blutes, der Sitte, der Denkungsart an eine Gemeinschaft gefesselt — ist der Egoismus ein socialer, die Sympathie eine sociale . . . Im Socialegoismus liegt Socialsympathie, und Socialsympathie ist Socialegoismus. Nennen wir die Einheit dieser beiden Gefühle Synegoismus, und wir haben die Triebfeder aller socialen Entwicklung[1].“ Dies mag auch richtig sein, wenn wir ausschliefslich den socialen Klassenkampf ins Auge fassen. Nun erschöpft aber der sociale Klassenkampf in keinem Falle das Wesen der socialen Entwicklung, die in letzter Instanz doch auf die Vervollkommnung der einzelnen Individuen zurückzuführen ist. Der einzelne mag noch so innig an seiner Gemeinschaft hängen, in ihm bleibt immer das Streben wach, seine individuelle Selbständigkeit möglichst zu bewahren. Daher würde im socialen Egoismus in keinem Falle das egoistische Moment mit dem altruistischen zusammenfallen, in einem einzigen Gefühl aufgehen, sondern überall auch innerhalb der Beziehungen des einzelnen zu seiner Gruppe treten das sociale und egoistische Moment gleichzeitig als entgegengesetzte psychische Kräfte auf, die sich gegenseitig den Platz in unserer Seele streitig machen. „In Bezug auf die reale Zusammengehörigkeit scheint es allerdings, — meint Simmel — als ob in der primitiven Gruppe das Vererbungsprincip, das auf Zusammenhang und Gleichheit der Individuen hinauskommt, gegenüber dem Anpassungsprincip, das auf Verselbständigung und Variabilität hinweist, im Übergewicht wäre . . . Allein so wichtig für primitive Verhältnisse das Angewiesensein des einzelnen auf seine Gruppe ist, so werden dieselben doch noch charakteristischer durch das hohe Mafs bezeichnet, in dem die Gruppe auf den einzelnen angewiesen ist, und das einfach die Folge der geringen Mitgliederzahl ist[2].“ Und diese Abhängigkeit der ganzen Gruppe von dem einzelnen giebt erst recht dem einzelnen, wenigstens dem begabtesten und hervor-

[1] Gumplowicz a. a. O. S. 165 ff.

[2] G. Simmel, Über sociale Differenzierung in Schmoller's „Staats- und socialwissenschaftliche Forschungen“. Bd. X. 1890. Heft 1. S. 22—23 ff.

ragendsten Individuum, die volle Möglichkeit, eine angesehene Stellung zu gewinnen, dadurch aber seine Individualität zu entfalten und zu vervollkommnen. Das sich innerhalb solcher primitiven Gruppen ausbildende Häuptlings- und Priestertum sind charakteristische Äufserungsformen dieses Individualisierungstriebes, aber auch die sich innerhalb der primitiven Sippen und Gentes bildenden Ansätze einer socialen Arbeitsteilung und Gesellschaftsdifferenzierung tragen viel zur Ausbildung der Individualitäten auch innerhalb der mehr oder weniger untergeordneten Gruppen bei[1].

„Und diese Ausbildung der Individualität nimmt gerade mit dem Wachsen der Associationskraft zu[2].“

Das Streben nach socialer Macht, nach Herrschaft über die Menschen, ist nicht mit dem Streben nach Ausnutzung der Arbeitskraft anderer Menschen zum Zwecke der Befriedigung der Bedürfnisse identisch. Das Nützlichkeitsprincip ist in dieser Unterwerfung eines Teils der Gesellschaft durch den anderen in keinem Falle einzig und allein mafsgebend. „Der Gesichtspunkt der Nützlichkeit ist gerade in Bezug auf ein solches heifses Herausquellen oberster rangordnender, rang-abstechender Werturteile so fremd und unangemessen wie möglich: hier ist eben das Gefühl bei einem Gegensatze jenes niedrigen Wärmegrades angelangt, den jede berechnende Klugheit, jeder Nützlichkeits-Calcül voraussetzt . . . Das Pathos der Vornehmheit und Distanz . . ., das dauernde und dominierende Gesamt- und Grundgefühl einer höheren herrschenden Art im Verhältnis zu einer niederen Art, zu einem „Unten“ — das ist der Ursprung des Gegensatzes „gut“ und „schlecht“[3]. Abgesehen von dem hier von Nietzsche berührten Problem vom Guten und Bösen, können wir mit dieser seiner Auffassung insofern einverstanden sein, als er hier das Wesen der Herrschsucht streng von dem Streben nach der Ausnützung der Kräfte zu unterscheiden suchte. Was Nietzsche dabei aber völlig übersah, ist die Thatsache, dafs auch im Herrschen das entgegengesetzte „Beherrschtsein“ nicht völlig beseitigt ist. Die sociale Macht, das Herrschen bedeutet blofs eine für das betreffende Individuum oder die betreffende Klasse möglichst günstige Gestaltung der socialen Abhängigkeitsverhältnisse, indem die herrschende Person oder Gruppe relativ weniger von den anderen Mitgliedern der Gesellschaft abhängt, als diese Mitglieder von ihm abhängen. Auch die Herrscher sind in gewissem Sinne von den Beherrschten abhängig, und

[1] Vergl. L. Morgan a. a. O. S. 41—75. G. Schmoller, Die Urgeschichte der Familie. Mutterrecht und Gentilverfassung im Jahrb. für Gesetzgebung etc. Bd. 23. 1899. Heft I, S. 8 ff. Fr. Engels, Anti-Dühring. 3. Aufl. S. 164 f.

[2] Carey a. a. O. S. 63. Vergl. auch G. Simmel a. a. O. S. 22 ff.

[3] Fr. Nietzsche, Zur Genealogie der Moral. Leipzig 1900. S. 20 ff.

zwar ist diese Abhängigkeit sowohl äufserlicher wie auch innerlicher Natur. „Niemals begnügten sich die Herrscher — bemerkt Gumplowicz mit Recht — mit der Thatsache ihrer Macht. Die Notwendigkeit der Herstellung einer staatlichen Ordnung trieb sie dazu, ihre Macht in ein Recht zu verwandeln .... Recht ist aber auch Pflicht[1].“ Herrschaft bedeutet aber auch andererseits das Streben nach Anerkennung, Geltung, Beifall, Lob, Ruhm etc. etc., und dies weist bis zu einem gewissen Grade auf innerliche Abhängigkeit von den Lebenden, Rühmenden, Verehrenden etc. hin, möge diese Abhängigkeit auch noch so schwach sein, sie existiert doch. In der Herrschsucht ist das individualistische Moment am markantesten ausgeprägt: das Individuum erlangt mittels der Herrschaft die innerhalb der Gesellschaft gröfstmögliche Freiheit, aber auch das sociale Gefühl und die sociale Abhängigkeit bleiben bestehen, weil der Mensch niemals vollständig von dem Einflufs und der Einwirkung der Gesellschaft sich befreien kann[2]. Und umgekehrt bleiben auch die schwächeren Elemente in der Gesellschaft, die zu gehorchen, nicht zu befehlen ausersehen sind, nicht ohne irgend einen Einflufs auf die höheren Schichten der Gesellschaft; sie sind fortwährend bestrebt, in ihrer Lebensweise und Bildung sich den höherstehenden Gesellschaftsständen zu nähern, und mitunter gelingt es sogar den niederen Klassen, ihren eigenen Willen den Herrschenden zu fühlen zu geben. Jedes Individuum innerhalb seiner Klasse, jede Gruppe innerhalb der Gesellschaft sucht ihre Geltung in der Gesellschaft zu verstärken, strebt beständig darnach, ihre sociale Macht möglichst zu erhöhen, zu erweitern, die sociale Abhängigkeit möglichst von sich auf die anderen Klassen resp. auf die anderen Individuen abzuwälzen. Das Streben nach Herrschaft und das nach wirtschaftlichem Wohl-

---

[1] A. a. O. S. 152 ff. Vergl. auch H. Spencer a. a. O. Bd. III, S. 253—270.

[2] „Das universellste und vergeistigste Reich der Erfahrung, das Personenreich oder der sociale Körper, kann sein Leben nur durchführen durch zweifache Kraftäufserung in jedem seiner persönlichen Elemente. Durch die eine würden seine Einheiten sich als zum Ganzen strebende —, durch die andere als sich selbständig behauptende Teile des Ganzen darstellen. Zwar nicht einfach und nicht ungeistig würden wir die zwei Grundtriebe der selbst weder einfachen noch ungeistigen Einheiten des Gesellschaftskörpers uns denken dürfen. Das Gesamtleben des letzteren jedoch werden wir uns gleichwohl nur als Produkt vielgestaltiger abstraktiver und repulsiver Wechselwirkungen aller aktiven Gesellschaftselemente, aller socialen Willensobjekte, aller Personen und anstaltlichen Personengruppen erklären können. Ja wir werden es so erklären müssen; denn nicht von aufsenher sehen wir in den Gesellschaftskörper die ethische Gesamtbewegung hineinfallen, sondern aus der individualen und gruppenweisen Auslösung ethischer Kräfte zwischen seinen Gliedern sehen wir sie entstehen.“ Al. Schäffle, Bau und Leben des socialen Körpers. Bd. I. (Tübingen 1875.) S. 585.

stand treten in dem wirklichen Seelen- und Gesellschaftsleben niemals von einander unabhängig auf, sondern laufen parallel gleichzeitig in sämtlichen psychischen und socialen Prozessen als zwei verschiedene, aber untrennbare Seiten einer und derselben Macht, als zwei Äufserungsformen des menschlichen Willens [1].

Das Streben nach socialer Macht äufsert sich daher auch in der Art und Weise, wie der Mensch seine Bedürfnisse befriedigt. Der Vornehme sucht in der Form seiner Bedürfnisbefriedigung, in der Wahl der Objekte zu diesem Zweck, aber auch in der ganzen Lebensstellung, in seinem ganzen Thun und Walten, in seiner Arbeit, Spiel und Ruhe die Vornehmheit seiner socialen Stellung zum Ausdruck zu bringen, so dafs zu gleicher Zeit mit der Befriedigung seiner auch noch so niederen Bedürfnisse, mit der Leistung jeder noch so einfachen und unentbehrlichen Arbeit, seinem Streben nach Macht wie auch seiner schon erlangten Macht, seinem „Pathos der Distanz" Rechnung getragen wird [2]. Noch mehr. Es kommt sehr oft vor, dafs das eigentliche Bedürfnis, dem die Befriedigung gilt, eine relativ unbedeutende Rolle spielt, während die Art und Weise der Befriedigung dieses Bedürfnisses hauptsächlich durch dieses Streben nach Macht und nach Betonung des socialen Abstandes von den untenstehenden Mitmenschen bedingt wird. Jedes menschliche Bedürfnis, mag es physischer oder ästhetischer Natur sein, wird in diesem Falle auch mit einem socialen Gefühl verknüpft sein, eine gewisse innere Beziehung zu den gleich- und niedrigerstehendeu Nebenmenschen enthalten und dadurch als sociales Phänomen erscheinen.

Dasselbe gilt mit Recht auch von den untergeordneten Klassen, deren Mitglieder in den ihnen zugänglichen Grenzen, ihre Geltung, ihr Streben nach Macht und Entfaltung ihrer Persönlichkeit, ihrer Eigenart, umsomehr in ihrer Bedürfnisbefriedigung und ganzen Lebensführung Nachdruck zu verleihen suchen, als sie den Druck von oben fühlen und möglichst abzuschwächen bestrebt sind.

Dieses Streben nach Auszeichnung, das sich in der Art und Weise der Befriedigung unserer Bedürfnisse geltend zu machen sucht, giebt den ersten Anstofs zur Entstehung neuer Bedürfnisse, worauf wir jetzt näher eingehen wollen.

---

[1] „Der selbstsüchtige Zweck in seiner Verwirklichung, bedingt durch die Allgemeinheit, begründet ein System allseitiger Abhängigkeit, so dafs die Subsistenz und das Wohl des einzelnen und sein rechtliches Dasein in die Subsistenz, das Wohl und Recht aller verflochten, darauf gegründet und nur mit diesem im Zusammenhange wirklich gesichert ist." Hegel, Grundlinien der Philosophie des Rechtes, Naturrecht und Staatswissenschaft. Berlin 1821. § 183. S. 187.

[2] Vergl. A. Wagner a. a. O. Bd. I. § 39.

2.

Das Streben nach socialer Macht als das Wesentliche im Streben nach Verfeinerung der Bedürfnisse.

Schon im Anfange unserer Analyse des Phänomens der Bedürfnisentwicklung stofsen wir auf den scheinbar unlösbaren Widerspruch, dafs wir das Streben nach Verfeinerung, nach Vermehrung der Bedürfnisse, weder aus dem Erhaltungs- noch aus dem ästhetischen Trieb herleiten konnten. Jetzt tritt uns dieses Streben in seiner wahren Gestalt entgegen als ein Machttrieb, als ein mächtiger, heifser Wunsch, die menschliche Persönlichkeit zu höchst möglicher Geltung innerhalb der Gesellschaft zu bringen. Sämtliche Kulturhistoriker und Anthropologen stimmen darin überein, dafs dieser Hang des Menschen zur Auszeichnung vor der menschlichen und nichtmenschlichen Umgebung ein sehr ursprünglicher ist.

Dieser Drang äufsert sich am markantesten im Kleidungs- und Schmuckbedürfnisse der primitiven Menschen.

„Der Mensch — meint Lippert — hat den Schmuck sich vor der Kleidung geschaffen, ja die Kleidung ist zum Teil nur ein entwickelter Schmuck. Wir haben Völker genug kennen gelernt, die bei ihrer Entdeckung keine Spur von Kleidung trugen, aber keines entbehrte irgend einer Art rohen Schmuckes. Dieser frühe Hang des Menschen, individuell hervorzutreten, durch irgend eine von der Natur ihm nicht gewordene Kennzeichnung sich als Individuum bemerkbar zu machen, diese Art angeborenen Strebertums des Menschen, unterscheidet seine Gattung ebenso auffällig von den nächst verwandten Tieren, wie etwa der Gebrauch von Werkzeugen. Selbst der roheste Naturmensch begnügt sich nicht blofs zu existieren, wie die Tiere; er will bemerkt werden, er will etwas gelten vor Seinesgleichen [1].“ „Der wilde Mensch erträgt mit bewundernswerter Geduld Schmerzen aller Art, um sich nur schmücken zu können, so z. B. die Qualen der Tättowierung. Die Tättowierung und Bemalung sind aber Gegenstand des Stolzes und des Schmuckes. Ihr Zweck: Eindruck zu machen, zu imponieren [2].“

„Es ist nicht blofs der betrügerische Geiz der Europäer gewesen, welcher sie verleitete, die „Wilden“, statt ihnen nützliche Dinge der Kultur zuzuführen, mit nichtigen und wertlosen Schmuckstücken zu ködern. Sie trafen hierin wirklich die Neigung derselben. Ein Stückchen Seidenband, das er jedem um den Kopf binden konnte, brachte Commodore

[1] Siehe Lippert, Kulturgeschichte in einzelnen Hauptstücken I. S. 175—197. Vergl. auch desselben: Kulturgeschichte in ihrem organ. Aufbau I. S. 366—367.

[2] Siehe Oscar Peschel a. a. O. S. 175 ff.

Byron bei den Patagoniern allenfalls noch an; aber einen Ballen Tuch, der doch diesen Leuten sehr nützlich hätte sein können, schleppten die Australier zwar in den Busch, warfen ihn aber dort weg. Und doch war so ein Wilder imstande, um irgend einen Tand zu stehlen, sein Leben in die Schanze zu schlagen[1]."

Diese Bevorzugung des Schmuckes gegenüber den nützlichen Kleidungsstücken veranlafste sogar manchen Kulturforscher, den Wilden den Vorwurf des Leichtsinnes und der Unwirtschaftlichkeit zu machn.

So sagt Ratzel:

„Von der Kleidung der Australier ist materiell äufserst wenig zu sagen, aber das Wenige und das Negative ist hier interessant, weil nichts deutlicher die Unzulänglichkeit der Thätigkeit dieser Völker für ihr eigenes Beste kennzeichnet. Australien hat in seinen mittlern und südlichen Teilen ein Klima von ganz besonderer Rauheit und Unbeständigkeit. Aus den Berichten von völlig nackt gehenden Australiern, oder solchen, die höchstens einen Lendenschurz tragen, nicht nur aus dem tropischen Norden, sondern auch aus dem Westen und Süden ersieht man, wie die Rückständigkeit dieser Völker selbst in den dringendsten Bedürfnissen keinen Wandel zu schaffen imstande ist. Und das ist nicht minder charakteristisch, dafs selbst die in dieser Beziehung Ärmsten und Elendsten die Bemalung ihres Körpers, und oft eine reichliche, nicht vergessen, so dafs ebenso allgemein, wie die Unzulänglichkeit der notwendigen Kleidung, die Verbreitung des überflüssigen Schmuckes ist, und Martin mit Recht von den Westaustraliern sagen kann: „Was sie tragen, ist mehr Schmuck, als Kleidung." Nichts ist bezeichnender für den Leichtsinn, die Sorglosigkeit, das in den Tag hineinleben der Naturmenschen, als dieses Mifsverhältnis zwischen Schmuck und Kleid, Luxus und Notwendigkeit[2]."

Wir können schon jetzt auf Grund des Gesagten unsere wilden Brüder gegen den Vorwurf des Leichtsinns in Schutz nehmen. Nicht Leichtsinn ist der Grund dieses Mifsverhältnisses zwischen Schmuck und Kleid, zwischen dem Notwendigen und dem Luxus, sondern hier ist das Gesetz der Entwicklung der Bedürfnisse ausschlaggebend, das durch die ganze Natur des Menschen begründet ist. Die bessere Ausnutzung der natürlichen Kräfte und Gegenstände für die feinere und sicherere, vollkommenere Lebenshaltung des Menschen mufs erst allmählich entdeckt und gelernt werden. Dagegen gehört das Streben nach Geltung und Auszeichnung, das sich im

---

[1] Lippert a. a. O. S. 176.
[2] Völkerkunde. 2. Bd. 1886. S. 37, 38.

Hange nach Schmuck manifestiert, zum Wesen der menschlichen Natur und äufsert sich daher instinktiv, wie alle anderen natürlichen Triebe der menschlichen Seele, schon auf der allerprimitivsten Stufe der menschlichen Entwicklung.

Übrigens können wir dasselbe Mifsverhältnis zwischen Luxus und Notwendigkeit gewissermafsen auch in dem modernen Gesellschaftsleben der europäischen Kulturvölker beobachten. Wohl fast sämtliche Klassen der Kulturvölker würden, vor das Dilemma gestellt, entweder auf die Existenzbedürfnisse oder auf die rangscheidenden Bedürfnisse Verzicht zu leisten, ohne Zögern die ersteren aufgeben.

Die Emigranten z. B. aus der Zeit der französischen Revolution, oft Leute aus dem höchsten Adel, welche in Überflufs und Üppigkeit grofs geworden waren, litten lieber Hunger, als dafs sie auf ein vornehmes Äufsere verzichtet hätten, und mancher Thaler ist schon für Trinkgeld verwandt worden, den der Besitzer im stillen gern für eine gute Mahlzeit ausgegeben hätte. Dasselbe finden wir bei unbemittelten Adeligen noch oft genug, und der knapp besoldete Beamte mit vornehmem Titel, der auf den Umgang mit lauter vermögenden Leuten angewiesen ist, läfst sich lieber alles andere entgehen, um nicht auf die Repräsentation verzichten zu müssen. Fr. A. Lange, von dem wir diese Stelle entnehmen, fügt mit Recht hinzu: „Es ist über allen Zweifel erhaben, dafs ein solches Festhalten an gewissen Attributen einer höheren Lebenshaltung etwas Edles und Gutes ist in dem Stande, welcher nicht mehr in der Lage ist, sich über andere zu erheben[1]."

Schon an dem Entwicklungsgang des Kleidungsbedürfnisses, das mit dem menschlichen Hang zum Schmuck so eng verknüpft ist, läfst sich die Wirkung des socialen Strebens nach Geltung, Rangabgrenzung und Betonung der bevorzugten Stellung innerhalb der Gesellschaft deutlich erkennen. Alle Anzeichen sprechen dafür, dafs der Anstofs zum Anlegen von Kleidungsstücken, die im Anfange mehr dem Schmuckbedürfnisse als irgend welchen nützlichen Zwecken dienten, von den Vornehmen in der primitiven Gesellschaft, zu denen die Stärkeren, Älteren, vielleicht auch die Vernünftigeren, gehörten, ausgegangen ist. Denn, möge die primitive Gesellschaft noch so klein und scheinbar noch so undifferenziert gewesen sein, immer befanden sich in derselben von Natur verschiedene Elemente, von denen die Stärkeren und Vernünftigeren die rechtliche und wirtschaftliche Leitung der Gesellschaft übernahmen und einen grofsen Einflufs auf die von ihnen geleiteten Mitglieder ausübten. Erst allmählich verbreitete sich der Gebrauch von Kleidern auch innerhalb der übrigen, mehr oder weniger untergeordneten Mitglieder der

[1] Die Arbeiterfrage. 5. Aufl. Winterthur 1894. S. 165.

Gesellschaft; und zu gleicher Zeit erkannten allmählich die Menschen auch den Nutzen der Kleidung, den Schutz vor Kälte, feuchtem Wetter etc., wodurch ein radikaler Wechsel in dem Wesen des Kleidungsgebrauchs eintreten mufste. Zu dieser Veränderung der Bedeutung der Kleider im menschlichen Leben mag auch die Auswanderung des primitiven Menschen nach relativ kälteren, rauheren Zonen viel beigetragen haben. Aber dieser Wechsel im Gebrauche der Kleidung verhinderte es nicht, dafs dieselbe auch auf den späteren Stufen der menschlichen Kultur nicht aufgehört hat, zu gleicher Zeit nicht nur dem Existenzbedürfnisse, sondern auch den ästhetischen und socialen Trieben der Menschen Genüge zu leisten. Die Kleider haben mehr wie alle anderen wirtschaftlichen Gebrauchsgegenstände den Menschen als Absonderungszeichen der verschiedenen socialen Gruppen und Klassen innerhalb der Gesellschaft gedient, und die allmähliche Differenzierung der menschlichen Gesellschaft fand immer einen entsprechenden Ausdruck in der Differenzierung und Variierung der menschlichen Kleidung je nach Ständen, Klassen etc.

Bekannt ist ja z. B., dafs fast in allen Ländern der Welt die Benutzung und Verbreitung der Seide nur in ihrer Eigenschaft als Gegenstand des Luxus geschah. Trotzdem tritt seit längerer Zeit die Seide bei den Chinesen als ein einfaches, wenn auch feineres Bekleidungsmittel auf. Allerdings war in China der Gebrauch der Seide schon 4000 Jahre v. Chr. bekannt. Dafs die Verbreitung der Seide von oben herab stattfand, beweist die Thatsache, dafs nach den geschichtlichen Zeugnissen manche Kaiserinnen als wohlthätige Verbreiterinnen des Seidengebrauches einen unvergefslichen Ruhm sich erworben haben.

Auch die Baumwolle wurde zuerst nur von den höheren Ständen gebraucht, diente also anfangs mehr den Absonderungszwecken der Vornehmen, als den wirtschaftlichen Bedürfnissen des Volkes[1]. So in Indien. — Doch wird die Baumwolle jetzt in den meisten Ländern zur Herstellung der allereinfachsten und gewöhnlichsten Alltagskleider verwertet[2] [3].

Auch in der Entwicklung des Nahrungsbedürfnisses giebt hauptsächlich das Streben des Menschen nach Geltung und

---

[1] Siehe H. Grothe, Bilder u. Studien zur Geschichte der Industrie und des Maschinenwesens. Berlin 1870. S. 41 u. f.

[2] „Jedes Bedürfnis erscheint zuerst als Luxus, sofern es neu ist, über das Hergebrachte hinausgeht." Schmoller a. a. O. S. 27.

[3] Interessant ist die eigentümliche Benutzung des Hanfes bei den Skythen, zur Zeit, als, nach Herodot, die Griechen zum ersten Male deren Bekanntschaft machten. Sie schütteten in ihren Schwitzbadezelten die Samenkörner auf glühende Steine und heulten von Behagen in dem Qualme derselben. Lippert, Kulturg. in Hauptst. I. S. 125.

Auszeichnung innerhalb der Gesellschaft den Anstofs zur Verfeinerung und Vervielfältigung der Nahrungsobjekte und ihrer Gebrauchsformen.

Wir haben früher gesehen, dafs die Milch ursprünglich keinen Eingang als Nahrungsmittel in die menschliche Gesellschaft zu finden vermochte. Sie fand ihn doch schliefslich, und zwar, wie es anzunehmen war, als Luxusartikel. Die von Lippert mitgeteilten Thatsachen deuten darauf hin, dafs die Milch zuerst als Luxusgegenstand zur Erheiterung der Vornehmen und Edlen diente; erst allmählich durch ihre Verbreitung auch in den weniger vornehmen, respektive niederen Ständen, verlor dieselbe ihren vornehmen Charakter und wurde dadurch zu einem alltäglichen Nahrungsmittel des Volkes.

„Wo in der That“ — erzählt uns Lippert — „der Genufs der Milch vorzugsweise zu Hause war, das war Vorderindien; der Brahmane daselbst ist der eigentliche Milchesser: gesottene süfse Milch geniefst und preist er zu allen Zeiten.“

Aber in dieser Gestalt tritt die Milch relativ spät in der Reihe der Nahrungsmittel, selbst des vornehmen Brahmanen, auf. Sie hatte zuerst eine Reihe von Entwicklungstufen zu durchlaufen, bis sie ihre Nahrungseigenschaften dem Menschen entdeckte.

„Nach Indien kamen die Arier von den Hochsteppen Asiens als Reiter-Nomaden. Und diese wufsten nur einige Stuten zu melken und sich deren Milch zu bedienen. Selbstverständlich war die geschätzte Stutenmilch keineswegs ein volkstümliches Nahrungsmittel, sondern wie dem Zulu der säuerliche Molkensaft, ein nur Reichen zugängliches Genufsmittel [1].“

Eine Reihe von Thatsachen spricht dafür, dafs die meisten jetzt volkstümlichen Nahrungsmittel, die Getreideprodukte nicht ausgeschlossen, ursprünglich Luxusgegenstände und vorzugsweise für die höheren Stände bestimmt waren.

Bei den Negern der Sierra Leone-Küste wird aus der Jamswurzel und der Cassava eine Art Mehl gewonnen, das mehr zum höheren Genufs und zum Getränk, als zu eigentlichen Nahrungszwecken dient [2].

Besonders bei den alten Ägyptern erscheint das Getreidebrot zuerst als Nahrungsmittel der Vornehmen.

„Die Nahrung der alten Ägypter — erzählt uns G. Klemm — war nach den verschiedenen Ständen, in welche sie geteilt waren, verschieden .... Die Sumpfgewächse waren, wie bei

---

[1] Siehe Lippert a. a. O. S. 12—16.

[2] Vergl. Klemm, Allgemeine Kulturgesch. der Menschheit. Bd. III. S. 231—232.

den alten Mexikanern, vorzugsweise Nahrungsmittel für die ärmere Klasse, welche nächstdem auch Knoblauch, Zwiebeln, Kürbisfrüchte, Melonen und Gurken, dann Durrah und Datteln genofs. Eine Speise der Gemeinen waren jedenfalls auch die Fische.

Dagegen waren die Nahrungsmittel der höheren Stände nicht allein reichlicher und nahrhafter, sondern auch künstlicher und schmackhafter zubereitet. Das Lieblingsgericht, Rind- und Gänsefleisch, war vorzugsweise den Priestern bestimmt. Das Brot der Vornehmen wurde aus Weizen gebacken[1]. „Gerste und Weizen — meint auch Lippert — finden im ägyptischen Kulte älterer Zeit eine Verwendung, die sie als frühzeitig, zweifellos gleichzeitig mit der roten Rasse eingebürgert erkennen läfst; gleichzeitig zeigen viele Umstände, dafs sie neben anderen Früchten des Landes nicht ohne einen gewissen Grad der Vornehmheit auftraten. Der Flora des Landes gehörten sie nie an[2]."

Beinahe alle nicht ganz rohen Völker verwendeten ihren Hauptnahrungsstoff zur Bereitung von Luxusgetränken, so die Inder den Reis, die Mexikaner den Mais, die Afrikaner die Ignaurenwurzel, die Slaven ihren Roggen etc.[3].

Alle diese Thatsachen rechtfertigen die Annahme, dafs ein grofser Teil der Nahrungsmittel bei ihrer Entstehung den Luxusbedürfnissen der Bevorzugten diente, vielleicht nicht einmal als vornehme Nahrungs-, sondern vielmehr als Mittel zur Bereitung von Getränken verwendet wurde. Es bedurfte einer langen Reihe von Jahren, bis allmählich auch die niederen Schichten der Gesellschaft ihren Gebrauch sich aneigneten. Dieses Herabsinken in die niederen Schichten der Gesellschaft, in die Sphäre der Armut, verlieh ihnen erst ihren wahren Wert als Nahrungsmittel und verdrängte alle früheren, hauptsächlich der Ruhmsucht dienenden Gebrauchsformen[4].

Manche Thatsachen sprechen wiederum dafür, dafs auch die Metalle zuerst als Luxusgegenstände aufkamen, später auch als Waffen, aber auch diese zuerst am wahrscheinlichsten als auszeichnende Waffen, die nur den Reichen und Mächtigen zugänglich waren. Schon die Reihenfolge ihres Erscheinens spricht für diese Annahme. Zuerst erschien das Gold, dann erst Kupfer und schliefslich die nützlichsten Metalle: Bronce und Eisen. Schon die grofsen Schwierigkeiten, mit welchen das Erzschmelzverfahren verbunden war, die winzigen Quantitäten, die zuerst zur Verfügung der Menschen standen, der frühere Gebrauch des Kupfers und Eisens als Geld im Handels-

[1] A. a. O. Bd. V. S. 259—60.
[2] Kulturgeschichte in ihrem organischen Aufbau. Bd. I, S. 585.
[3] Vergl. Klemm a. a. O. Bd. III, S. 239—41.
[4] Vergl. Roscher a. a. O. Bd. I. § 231.

verkehr, wo zuerst nur Gegenstände des Luxus cirkuliert haben, lassen den Schlufs ziehen, dafs diese Metalle in ihrem ursprünglichen Gebrauch Luxusgegenstände waren [1].

Wir wollen zuletzt nicht unerwähnt lassen, dafs eine ganze Reihe von wirtschaftlichen Gebrauchsmitteln den primitiven Völkern durch den schon sehr früh entstandenen Handel zugänglich gemacht wurde. Nun ist aber geschichtlich festgestellt, dafs weder bei den antiken Völkern, noch sogar im früheren Mittelalter die Gegenstände des täglichen Bedarfes einem regelmäfsigen Austausch unterlagen. Seltene Naturprodukte, gewerbliche Erzeugnisse von hohem specifischen Wert bildeten die wenigen Handelsartikel der antiken Welt. Und doch gingen diese so teuer bezahlten Gegenstände schliefslich in den Volkskonsum über, z. B. im Altertum Bernstein, Metallgefäfse, keramische Erzeugnisse, Gewürze und Salben, im Mittelalter Wein, Salz, getrocknete Fische, Wollenzeug etc. [2].

3.

Das Streben nach auszeichnender Thätigkeit.

Das Streben nach Macht äufsert sich nicht nur im Verbrauch der Objekte, sondern auch in der menschlichen Thätigkeit an sich. Der Mensch sucht nicht nur in der Art und Weise, wie er seine Bedürfnisse befriedigt, sondern auch in den Äufserungsformen seiner Thätigkeit seine Macht, seine Geltung in der Gesellschaft mit möglichstem Nachdruck zu betonen. Er hängt daher mit Vorliebe an solchen Thätigkeitsarten, die ihm Anerkennung und Achtung in den Augen der übrigen Mitglieder der Gesellschaft verschaffen können, selbst dann, wenn diese Thätigkeit an sich keinen wirtschaftlichen Nutzen bedingt.

Eine absondernde, auszeichnende Thätigkeit unterscheidet sich wesentlich von der freien, sogenannten ästhetischen Thätigkeit des Menschen und steht, eben durch diesen Unterschied, der wirtschaftlichen Arbeit nahe. Daher erklärt es sich, dafs diese Art Thätigkeit, welche ihrer eigentlichen Natur nach unwirtschaftlich ist, da sie einzig und allein die Anerkennung und Auszeichnung, ohne jede wirtschaftliche Rücksicht, zu ihrem Zwecke hat, sich dennoch unter Umständen sehr leicht in eine wirtschaftliche Thätigkeit verwandeln konnte. Die freie Thätigkeit dient, wie wir wissen, sich selbst zum Zweck und hat ihren Grund in der Notwendigkeit der Auslösung der kinetischen Energie, die sich in verschiedenen Centren des

---

[1] Vergl. auch W. Lübke, Grundrifs d. Kunstgeschichte. Bd. I. S. 5.

[2] Vergl. K. Bücher a. a. O. S. 81 ff. Vergl. auch Schmoller, Grundrifs etc. S. 233—238.

Gehirns und der übrigen Bestandteile des menschlichen Körpers von Zeit zu Zeit anzusammeln pflegt; sie äufsert sich daher in leichten, auf sämtliche Teile des Organismus entsprechend verteilten Bewegungen. Sie verträgt daher auch keine in bestimmten Teilen des Geistes und Körpers koncentrierte Thätigkeit, die über das Mafs der angesammelten Energie hinausgeht. Diejenige Thätigkeit dagegen, der ein sociales Motiv, und zwar das Streben, zu imponieren, Eindruck zu machen auf die menschliche Umgebung, zu Grunde liegt, hat ihren Zweck eben nicht in sich selbst, verträgt sich daher sehr gut mit einer Koncentration der geistigen und körperlichen Kräfte, sie setzt ja gerade eine besondere Anstrengung voraus, da diese Anstrengung ein Zeichen der physischen, respektive der geistigen Macht und Stärke bietet, welche Anerkennung und Bewunderung hervorruft. Dadurch nähert sich diese auf socialen Motiven beruhende Thätigkeit einer wirtschaftlichen Leistung, in welcher die Koncentration der körperlichen und geistigen Bewegungen eines der wesentlichen Merkmale ausmacht.

Allerdings unterscheidet sich die auszeichnende Thätigkeit von der eigentlichen wirtschaftlichen Arbeit dadurch, dafs die erstere keinem wirtschaftlichen Bedürfnisse dient, sondern eben nur dem Streben, bei Seinesgleichen Ruhm, Anerkennung, Bewunderung hervorzurufen. Dies aber schliefst doch nicht aus, dafs als Resultat einer solchen Thätigkeit in manchen Fällen auch ein wirtschaftlicher Erfolg sich einstellt. Dann aber verwandelt sich diese Thätigkeit, ohne dafs der Mensch das vorauszusehen brauchte, in eine wirtschaftliche Leistung. — Ein sehr charakteristisches Beispiel liefert uns in dieser Beziehung die Zähmung und Züchtung der wilden Tiere und Vögel.

Manche Kulturhistoriker behaupten, dafs das ursprüngliche Motiv zur Domestikation der Tiere in der Freude lag, die der Mensch an den Bewegungen oder dem Farbenspiele verschiedener Tiere empfindet, und in der Vorliebe, mit solchen Tieren sich gleichsam schmuckweise zu umgeben[1]. Schon in diesem Motiv sehen wir das sociale Moment hervortreten, da doch das Schmuckbedürfnis, wie wir schon wissen, auf dem Streben nach Geltung beruht. Es ist aber nicht ausgeschlossen, dafs wir es auch hier „mit dem Bedürfnisse zu thun haben, einen Gefährten zu haben, an dem man alle Launen der Zärtlichkeit und Grausamkeit auslassen kann“[2], das würde aber mit anderen Worten heifsen, dafs wir hier ein Streben nach Macht vor uns haben, das sich wenigstens in Beziehung zu den Tieren Geltung zu verschaffen sucht. Oft aber suchte

---

[1] Vergl. Lippert, Kulturgeschichte in ihrem org. Aufbau I. S. 485.
[2] Vergl. Ed. Hahn a. a. O. S. 28—29.

der Mensch mittels der gezähmten Tiere die Bewunderung und Anerkennung der menschlichen Umgebung zu erringen. Wir haben in der Geschichte der Zähmung solche Thatsachen zu verzeichnen, die ganz deutlich den Wunsch, zu imponieren, sich hervorzuthun, verraten. Nicht nur am Hofe des Negus von Abessinien wurden zahme Löwen gehalten, wir finden sie wiederholt auf ägyptischen und assyrischen Denkmälern in Begleitung der Könige. „Das Wesentliche bei dieser Zähmung war jedenfalls die ganz aufserordentliche seltene Auszeichnung, die sich ein Mensch durch den Besitz solcher Tiere erwarb, der schreckhafte Eindruck, den sie zu Gunsten ihres Herrn auf die Menge machen mufsten, also ganz dasselbe Motiv, welches die Entwicklung des Schmuckes in Bewegung setzte[1]."

Da die Zähmung des Hundes sehr weit in der Urgeschichte der Menschen zurückliegt, da der Hund — wie Hahn sich geistreich ausdrückt — „so alt als Genosse des Menschen, als Haustier auftritt, dafs er dem Haus bedeutend vorausgegangen ist", so ist jede Spur von der Geschichte seiner ursprünglichen Zähmung vollständig verschwunden. Jetzt scheint uns dieser Anschlufs des Hundes an den Menschen als etwas Natürliches, und manche Gelehrten glauben annehmen zu können, der Hund habe von selbst die Gesellschaft des Menschen gesucht[2]. Trotzdem würde es am wahrscheinlichsten sein, dafs auch die Zähmung des Hundes zuerst als ein Zeichen der Vornehmheit galt, und es ist nicht ausgeschlossen, dafs der gezähmte Hund einen imponierenden Eindruck auf die Menge machte, da wir denselben auf den ägyptischen Denkmälern gleicherweise wie den Löwen in der Begleitung der Könige finden, stets allerdings unter dem Thronsessel des Königs. Vielleicht beruht diese imponierende Eigenschaft des Hundes auf irgend einer Auffassung des Kultes, aber immerhin zeigt ja diese seine beständige Begleitung der Könige, dafs der Hund eine hohe Bedeutung hatte und die Vornehmheit seines Besitzers kennzeichnete[3].

Die frühe Zähmung des Hundes hat schon sehr zeitig zu der Entdeckung seiner nützlichen Eigenschaften geführt und seine Zähmung verallgemeinert; und so sank der vornehme Hund zu der Stufe eines gewöhnlichen Tieres herab.

Nachdem andere nützliche Eigenschaften des Hundes allmählich erkannt worden waren, wurde derselbe als Jagdhund oder als Hüter der Herden verwendet, verlor allmählich seine Eigenschaft als Nahrungsmittel, behielt aber seine anderen nützlichen Eigenschaften bei und blieb in der Gesellschaft des Menschen.

---

[1] Lippert a. a. O. S. 485—486.

[2] Vergl. v. Baer, Studien aus dem Gebiete der Naturwissenschaft. 2. Teil. (S. Petersburg 1876.) S. 22—26.

[3] Vergl. z. B. Ed. Hahn a. a. O. S. 60—61.

Es ist ferner mit Wahrscheinlichkeit anzunehmen, dafs die ersten Lasttiere, so z. B. der Esel, zuerst zum Reiten dienten; das Reiten aber galt als Zeichen der Vornehmheit. Es war nach biblischem Zeugnis der Stolz eines patriarchalischen Familienhauptes, alle seine Söhne auf Eseln beritten zu sehen. Erst dort, wo das stolze Rofs den Esel aus der Herrengesellschaft verdrängt hatte, sank auch der Esel zum Lasttier herab und verlor seine vornehme Bedeutung[1].

Die Zähmung mancher Tiere, hauptsächlich aber ihre Zucht, läfst sich auch auf den Einflufs des Kultes zurückführen, und das religiöse Motiv läfst sich bei der Zähmung mancher Tiere, die als heilige Tiere in die Gesellschaft Eingang fanden, feststellen. Dennoch würde das religiöse Motiv an sich für die endgültige Lösung des Entwicklungsproblems in keinem Falle sich eignen. Der Kult und die Religion hatten zu jeder Zeit einen Einflufs auf das menschliche Leben, aber nicht immer äufserte sich derselbe für die menschliche Entwicklung als förderndes Moment, vielmehr sehr oft als eine Fessel. Gerade die Religion tritt nicht selten im socialen Leben als eine äufserst konservative Macht auf, die sämtliche überkommenen und traditionellen Formen des materiellen und geistigen Lebens schützt, jeder Neuerung aber, jeder progressiven Tendenz sowohl im Genusse wie in der Arbeit mit aller Gewalt entgegenwirkt.

Speciell bezüglich der wirtschaftlichen Ausnützung und Verwendung der Haustiere konnte der Kult sich als ein grofses Hemmnis herausstellen; es war dies ganz unabhängig von der Thatsache, dafs dieser Kult zuerst den Anstofs zur Zähmung und Zucht gegeben hatte. Denn hatte einmal die Kunst der Zähmung und Züchtung der Tiere als eine religiöse Verrichtung sich in der Gesellschaft eingeführt, hatten erst die gezähmten bezw. gezüchteten als heilige und für die Götter bestimmte Wesen die Verehrung der Menschen hervorgerufen, so entstand die Gewohnheit und die Sitte, jede Entweihung der heiligen Gebräuche des Kultes, jede Verwendung der heiligen Tiere zu rein wirtschaftlichen Zwecken als ein lasterhaftes und verbrecherisches Thun zu brandmarken, das mit allen der Geselllschaft zur Verfügung stehenden Machtmitteln verhindert und bestraft werden mufste. Es mufsten also andere

---

[1] Dafs die Viehzucht auch nach ihrer Verbreitung im Volke und Verwandlung in einen der Hauptzweige der wirtschaftlichen Thätigkeit der Menschen ihren vornehmen Charakter zum Teil noch behält, beweist das Verhalten mancher Hirtenvölker zu derselben. Die Kaffernvölker halten z. B. die Viehzucht wie jede Beschäftigung, die mit ihr zusammenhängt (z. B. das Melken, das Schlachten, die Bearbeitung der Felle etc.), nicht sowohl für eine Pflicht, als für ein Recht des männlichen Geschlechtes, welches den verachteten Weibern nicht zusteht. Der Frau wird sogar bei schwerer Strafe verboten, den Viehkral zu betreten. (Paulitschke, Ethnographie Nordafrikas. S. 190, 204.)

sociale Mächte hinzukommen, die die negative Wirkung des Kultes aufhoben und die Zähmung, resp. die Zucht in die Sphäre der rein wirtschaftlichen Thätigkeit der Menschen hinüberleiteten.

Aber noch ein zweites Moment dürfen wir nicht aufser acht lassen. Die innerhalb der Gesellschaft sich ausbildende Arbeitsteilung, die wiederum, wie wir später sehen werden, auf demselben Princip des Strebens nach Macht beruht, hatte zur Folge, dafs die Pflege des Kultes einer bestimmten gesellschaftlichen Klasse, z. B. dem Priestertum, anvertraut wurde, dadurch aber verkörperte diese Klasse im vollsten Sinne des Wortes die Autorität der Gottheit und gewann durch dieselbe eine grofse sociale Macht, damit aber auch eine erhebliche kulturgeschichtliche Bedeutung. Diese Bedeutung hat das Priestertum eben durch seine wirkliche sociale Machtstellung in der primitiven Gellschaft erreichen können, nicht aber durch die Religion an sich[1]. Dazu müssen wir noch bemerken, dafs, wenn auch das religiöse Gefühl an sich vielleicht auf einer heiligen und dunklen Ahnung und Erfassung der allerhöchsten Macht, — die sich sowohl im Menschen selbst, wie auch in dem denselben umgebenden Weltall zu offenbaren scheint, — beruht, so doch in den Beziehungen des Menschen zu dieser Allmacht sich wiederum das Streben nach Macht äufsert. Der Mensch unterwirft sich dieser göttlichen Allmacht, um in ihr eine Stütze zu finden, aus ihr eine gewisse Macht, Seelenruhe und Zuversicht zu schöpfen, die für die Entwicklung der Persönlichkeit von gröfster Bedeutung ist.

Was die Bodenkultur anbetrifft, so läfst sich nicht mit Bestimmtheit feststellen, in welchem Mafse das sociale Moment, das Streben der einzelnen nach Anerkennung und Bewunderung seitens der Gesellschaft, zur Entstehung höherer Formen des Landbaues beigetragen haben mag. Es läfst sich dagegen fast mit Bestimmtheit annehmen, dafs auf der allerfrühesten Kulturstufe der Landbau und die damit eng verbundenen Thätigkeiten ganz und gar den schwächeren Elementen der Gesell-

---

[1] Das Priestertum hat zuerst die Schätze der „toten Hand", die erste Kapitalsammlung der Urzeit, derselben entrissen und sie dem Leben zurückgeführt. „Sowie der priesterliche Totenanwalt, sein Leben im Interesse des Toten fristend, mit diesem die Schätze und Genufsmittel des Kultus teilte, so begann die überlebende Welt dem Gebrauche nach die hinterlegten Schätze mit dem Kulte zu teilen; sie gelangte fortan in den Besitz eines Kapitals, das auf einem seltsamen Umwege geschaffen, nur als Lebensausstattung jüngerer Geschlechter verwendet wurde." (Lippert a. a. O. S. 33 ff.)

Die eigentliche Sammlung von Vorräten ging also aus Nachahmung der höheren Klassen hervor. Die Vorratssammlung der Hohen und Vornehmen sicherte eben denselben ihre Macht und bevorzugte Stellung in der Gesellschaft. Mit anderen Worten: Den Anstofs zum Anlegen wirtschaftlicher Vorräte gaben wiederum die Höheren und Vornehmen.

schaft, den Weibern, Kindern und Greisen aufgebürdet wurde, während die Männer sich mehr mit Jagd, Krieg und freien Spielen beschäftigten, den Landbau aber als des Mannes unwürdige Beschäftigung betrachteten. Allein diese Thatsache schliefst die Möglichkeit nicht aus, dafs jedesmal, wenn ein neues Bodenprodukt in die primitive Gesellschaft Eingang fand, dasselbe als ein Luxusobjekt galt. Da es nun zu seiner Herstellung eine neue, ihm angemessene Form des Landbaues verlangte, so wurde öfters seine Pflege eine Zeit lang als eine vornehme und auszeichnende Beschäftigung betrachtet, die gänzlich in den Händen der bevorzugten Mitglieder der Gesellschaft lag, sodafs thatsächlich manche der neu auftretenden Formen der Bodenkultur eine Weile dem Streben nach Auszeichnung und Rang-Absonderung völlig entsprach und eben diesem Streben ihre schliefsliche Einbürgerung im wirtschaftlichen Leben zu verdanken hatte. Wir dürfen nicht vergessen, dafs die Bodenkultur eine lange Reihe von Veränderungen, Umwälzungen und Verbesserungen durchzumachen hatte, sowohl bezüglich der kultivierten Produkte, als auch der technischen Methoden zur Bebauung des Bodens. In der Geschichte der Kultur finden sich nicht wenig Anhaltspunkte dafür, dafs solche Umwälzungen oft auf das direkte Eingreifen der Mächtigen zurückzuführen sind. Der Tabak liefert ein sehr charakteristisches Beispiel für eine solche Art der Entwicklung des Landbaues. „Die Korana in Afrika kennen vom ganzen Ackerbau nur die Kultur des Tabaks, und nur eben dieser war da und dort imstande, auch den Mann für die Wertschätzung des Landbaues zu gewinnen. Der Neger am oberen Niger rührt nicht gern Hand und Fufs, aber seinen Tabak pflegt er auf regelrechten Beeten und läfst sich die Mühe nicht verdriefsen, ihn zweimal am Tage zu begiefsen[1]."

Aber auch der entwickelte Ackerbau, der auf der Pflanzung von Getreide beruht, scheint im Anfange seiner Entstehung von den Vornehmen ausgegangen zu sein. Die besonderen Feste und Feierlichkeiten, die den Ackerbau in China begleiten, scheinen darauf hinzudeuten, dafs derselbe einst eine auszeichnende Beschäftigung der höheren Stände gewesen sei. „Zu Anfang des Frühlings feiert der Kaiser das Flurfest unter Fasten, Beten und allerlei Ceremonien; er zieht mit einem silbernen Pfluge auf dem seiner eigenen Obhut unterstellten Felde einige Furchen und geniefst zum Schlusse ein von der Kaiserin selbst bereitetes ländliches Mahl[2]."

Es haben sich auch Berichte erhalten, die bezeugen, dafs der Landbau einst sich der besonderen Aufsicht der Priester

---

[1] Lippert, Kulturgeschichte in einzelnen Hauptteilen I. S. 127.

[2] Weber, Allg. Weltgeschichte. Bd. I, S. 60 f. Vgl. auch Klemm a. a. O. IV, S. 68 f.

erfreute, was auf einen Zusammenhang zwischen dem Ackerbau und dem Kult hinweist, eine Thatsache, die ebenfalls auf den vornehmen Ursprung des Landbaues schliefsen läfst[1].

Eins mufs hier noch bemerkt werden: Gewisse Formen der Bodenkultur mögen bei ihrer Entstehung noch so vornehm erscheinen, dies wird doch nicht verhindern, dafs in dem Mafse, wie jede neue Form der Bodenkultur sich im Volke zu verbreiten beginnt, dieselbe allmählich ihre hohe Bedeutung, ihren vornehmen Charakter zu verlieren anfängt, bis schliefslich die höher gestellten Mitglieder der Gesellschaft auch von dieser Bewirtschaftungsform des Bodens sich gänzlich abwenden und dieselbe den unteren Klassen, resp. den Sklaven überlassen, um mit anderen, freieren Thätigkeiten ihre Mufsestunden auszufüllen[2]. Später werden wir noch Gelegenheit haben, auf diesen sehr charakteristischen Prozefs des Landbaues zurückzukommen, nämlich dort, wo wir zu beweisen suchen, dafs die wichtigsten Formen der Bodenkultur, speciell aber der Getreidebau, auf dem oben angedeuteten Wege zustande gekommen sind[3], wobei wir auch einen zweiten Weg der Entwicklung näher ins Auge fassen werden.

4.

Das Streben nach Arbeits-Vergeudung.

Wenn auf den ersten Stufen der Kultur, innerhalb einer noch wenig differenzierten Gesellschaft das Streben nach Aus-

[1] Laveleye-Bücher, Das Ureigentum. (Leipzig 1876.) S. 325—26.

[2] „Von dem Augenblicke an, wo die ländlichen Arbeiten durch Kolonen und Leibeigene ausgeführt wurden, wurde der Ackerbau bald als eine niedere Beschäftigung betrachtet. Die reichen und angesehenen Familien entschlugen sich desselben gänzlich.“ Laveleye-Bücher a. a. O. S. 426.

[3] Der im Texte geschilderte Entwicklungsgang des Landbaues scheint mit der in Nationalökonomie und Kulturgeschichte fast allgemein anerkannten Auffassung von dem kommunistischen Charakter des Grundeigentums in vollem Widerspruch zu stehen. Nach dieser letzteren Annahme gilt es als feststehend, dafs der kollektivistische Grundbesitz allein die geeignetste Besitzform für die Entwicklung des Ackerbaues sei, daher auch durch eine lange Reihe von Kulturperioden unangetastet geblieben sei und, in der Gestalt der Feldgemeinschaft, auch für eine sehr hohe Bodenkultur (Brenn- und Dreifelderwirtschaft) als passende Besitzform sich erwiesen habe. Der kommunistische Bodenbesitz, der hauptsächlich auf der primitiven Sippen- und Gentilverfassung beruht, gewährt ja sämtlichen Mitgliedern der einzelnen Kommunen gleiche Rechte, es kann also hier von Höheren und Niederen keine Rede sein. Und diese gleichberechtigte Stellung sämtlicher Mitglieder hinderte nicht den Landbau, grofse Fortschritte zu machen. Mir scheint jedoch, dafs diese Auffassung vom goldenen Zeitalter des Landbaues auf einer voreiligen Verallgemeinerung einer an sich richtigen Thatsache beruht, welch' letztere bei entsprechender Einschränkung und Erklärung in ein ganz anderes Licht tritt, und den von mir angenommenen Entwicklungsgang zu bestätigen geeignet ist. Doch darüber später.

zeichnung, nach Geltung, nach Betonung der Rangabstufung, blofs in der eigenartigen Wahl der Objekte der Bedürfnisbefriedigung und der Auswahl von Thätigkeiten sich zu äufsern suchte — so zeigte sich mit der Entwicklung und schärferen Ausprägung der socialen Differenzierung und der socialen Gegensätze dieses Streben nach Geltung, nach Betonung der Macht, in einer neuen, scheinbar sehr unwirtschaftlichen Gestalt, die dennoch für die menschliche Entwicklung von allergröfster Bedeutung war. Diese Äufserungsform des Machtbewufstseins war — die Vergeudung der menschlichen Arbeit — wodurch der Vornehme, Gewaltige, Mächtige, eben am markantesten seine Macht über die Mitmenschen beweisen konnte. „Überhaupt, bemerkt F. A. Lange[1], ist die Vergeudung der Arbeitskraft das eigentliche Merkmal beim Luxus, wenn man nicht die einzelne Person, sondern die Gesellschaft ins Auge fafst.“

Befriedigung des Machtgefühls und Vergeudung der Arbeitskraft – das sind die charakteristischen Merkmale des Luxus zu gewissen Zeiten, und diese treten unseren Blicken überall entgegen, wo das Wesen des Luxus in seiner ausgeprägtesten Gestalt, klar und unverhüllt, sich uns offenbart, d. h. eben in solchen Momenten, wo der Luxus seine höchste Entwicklungsform erreicht. So auch bei den Römern.

„Der Luxus eines Caligula und Nero erhielt seinen exceptionellen Charakter dadurch, dafs er eine Dokumentation ihres Allmachtsschwindels war. Sie wollten auch hierin die übermenschliche Macht und Gröfse des Cäsarentums, den unermefslichen Abstand des Weltherrschers von seinen Unterthanen zur Anschauung bringen, für sie sollte es keine Unmöglichkeit, für ihren Willen keine Schranke geben. In diesem Sinne liefs Caligula im Meer während des Sturmes Bauten aufführen und verprafste den Tribut dreier Provinzen (10 Millionen Sesterzen) an einem Tage; in diesem Sinne unternahmen er und Nero es bei ihren Festen, in ihren Prachtschiffen und Palästen, die Träume einer ausschweifenden Phantasie zu verwirklichen[2].“

Die Verschwender — sagt Seneca — streben darnach, ihr Leben fortwährend zum Gegenstand des Gespräches zu machen. Bleibt ihr Thun und Treiben verschwiegen, so glauben sie ihre Mühe verloren zu haben . . . So oft etwas, was sie thun, dem Gerücht entgeht, sind sie mifsvergnügt . . . Es genügt nicht üppig zu leben, man mufs es in auffallender Weise thun.

Dasselbe läfst sich durch mehrere Thatsachen bestätigen. Hier nur ein einziges Beispiel. „Die Ausstattung der Wohnungen

[1] A. a. O. S. 129 ff. Vergl. auch Roscher. Bd. I. § 224—232.
[2] Friedländer, Sittengeschichte Roms. Th. III. Abschn. I. S. 5—6 ff.

der Wohlhabenden war im Altertum von den gegenwärtig in Nord- und Mitteleuropa üblichen wesentlich verschieden. Sie war nicht auf behaglichen Aufenthalt, nicht auf Comfort berechnet, sondern auf möglichst imposante und glanzvolle Darstellung der Würde des Besitzers. Waren schon die eigentlichen Wohnräume nach unseren Begriffen mit Hausrat und Mobilien nur spärlich ausgestattet, so enthielten vollends die hohen, weiten, zum Empfang bestimmten Räume, die sich morgens dem Schwarm der Besucher, gegen Abend den zur Mahlzeit geladenen Gästen öffneten, verhältnismäfsig wenige, dafür aber um so kostbarere und gediegenere, ausschliefslich oder vorzugsweise zur Dekoration bestimmte Prachtstücke, — als Tische mit Citrusplatten auf Elfenbeinfüfsen, Ruhebetten mit Schildpatt ausgelegt, oder reich mit Gold und Silber verziert und mit babylonischen Teppichen behängt, Prachtvasen aus korinthischer Bronce etc. etc.

Von mehreren der beliebtesten Luxusmöbel und Geräte werden Preise angegeben, die durchaus hoch, zum Teil enorm sind[1].

Auch die Vergeudung der Arbeit war mitunter ein wichtiger Faktor bei der Entstehung neuer wirtschaftlicher Zweige, neuer Arten der Arbeit. Denn dort, wo der Mensch wirtschaftlich zu verfahren genötigt ist, wo er umsichtig mit seinen Kräften umgehen mufs, wo ihm hauptsächlich an möglichst vollständiger Befriedigung des vorhandenen Bedürfnisses durch möglichst propuktive Arbeit gelegen sein mufs, dort würde ja ceteris paribus jeder neue Versuch, jede neue Arbeitsart, wie etwa die Ausrodung der Wälder, Meliorationen, aber auch die Herstellung neuer Werkzeuge etc. etc. eine direkte Verschwendung und Vergeudung der Arbeit sein, daher ein wirtschaftlich unerlaubtes Verfahren. Denn schliefslich ist doch jede neue wirtschaftliche Thätigkeit, jede neue Erwerbsform im Anfange ein zweifelhafter Versuch, dem nicht ohne weiteres Thür und Thor geöffnet werden könnte, im Interesse der Wirtschaftlichkeit. — Umgekehrt dort, wo es sich um die Hervorbringung eines Luxusartikels handelt, dessen Hauptmerkmal sein hoher Preis ist, das in ihm enthaltene grofse Quantum Arbeit, dort ist jeder Versuch schon von vornherein in seinem Erfolge gesichert. Würde die eingeführte Arbeitsart sehr wenig Produkte liefern, relativ sehr unproduktiv sein, um so besser für den Verbraucher: denn dann wird der betreffende Artikel von hohem specifischen Wert sein und dem Ehrgefühl der Vornehmen in vollem Umfange entsprechen.

Daher sind solche Versuche nur angestellt und von Erfolg gekrönt worden, wo es, wie in Assyrien, Ägypten etc.

---

[1] Friedländer a. a. O. III, S. 79.

nicht auf das vorsichtige Umgehen mit der Arbeit ankam, und wo die neueingeführten Erwerbszweige wenigstens zuerst Luxusartikel produzierten.

Der Tafelluxus der Römer, obwohl hauptsächlich durch Arbeitsvergeudung charakterisiert, hat auch im römischen Altertum keinesfalls nur schädliche Wirkungen geübt; sondern dadurch, daſs er die Hauptveranlassung zur Einführung fremder Kulturgewächse und eſsbarer Tiere in den Ländern des Occidents und somit zur Veredelung und Verfeinerung der Nahrungsmittel überhaupt war, ist er ebenso wie in neuerer Zeit ein nicht unwichtiger Faktor zur Verbreitung und Hebung der Gesamtkultur gewesen.

„Schon zur Zeit der Republik war ein groſser Teil der zur Luxusnahrung dienenden Tiere und Gewächse in Italien eingeführt.

In weit gröſserem Umfange als die Einführung von Tieren erfolgte die Acclimatisation von Fruchtbäumen und anderen Gewächsen, die sich dann von dort in andere Länder verbreiteten. Aber auch hier hat das spätere Altertum nur fortgesetzt und erweitert und vervielfältigt, was das frühere angebahnt und begonnen hatte, es hat die Wanderungen der Kulturpflanzen auf fernere Gebiete ausgedehnt und so freilich im Laufe der Jahrhunderte den Charakter der Vegetation von Süd- und Mitteleuropa völlig umgestaltet.

So konnte Varro bereits sagen, Italien sei ein groſser Obstgarten, während die Griechen (im peloponnesischen Kriege und noch bis in die alexandrinische Zeit hinein) diese Halbinsel als ein Land kannten, das im Vergleich mit ihrem eigenen Lande und mit dem Orient, einen nordischen primitiven Charakter trug und dessen Produktion hauptsächlich in Getreide, Vieh und Holz bestand.

Auch Deutschland verdankt die Anfänge seiner so blühenden Obstkultur, so gut wie Frankreich und England — dem römischen Tafelluxus[1].“

Dasselbe sehen wir auch auf den übrigen Gebieten der Gütererzeugung. Der Luxus der Bekleidung und der Wohnungsausstattungen etc., der wiederum zuerst die Arbeitsvergeudung zu seinem Hauptmerkmal hatte, gab die erste Initiative zur Entwicklung der Industrie, und Alexandria erwarb sich durch seine Erzeugnisse dieser Art einen Weltruf.

5.

Der Klassenkampf um die Bedürfnisse.

Das Streben nach Geltung, nach Absonderung, nach Rangunterschied, die Freude, die der Mensch im Bewuſstsein seiner Macht, seiner Herrschaft fühlt, vor allem innerhalb der

[1] Friedländer, Th. III. I. Abschn. Besonders S. 37 ff.

höheren Stände, der Vornehmen und Bevorzugten, hat, wie wir schon gesehen haben, eine kulturhistorische Bedeutung und äufsert sich als ein progressiver Faktor im socialen und wirtschaftlichen Leben der Menschheit. Andererseits aber enthält das Streben nach Macht in seiner aristokratischen Gestalt auch ein regressives Moment, das hemmend und aufhaltend sowohl auf die Vervollkommnung der Bedürfnisse, wie auch auf die höhere Entfaltung der wirtschaftlichen Kräfte wirkt. Wenn ein Vornehmer ein Objekt deshalb zur Befriedigung seiner Bedürfnisse gewählt hat, weil dieses Objekt etwa selten ist, weil es durch irgend welche Eigenschaften der Umgebung imponiert, so bleibt ja schliefslich das Bedürfnis selbst, das dasselbe Objekt befriedigen soll, ohne Bedeutung oder blofs von untergeordneter Bedeutung [1].

Der wilde, mächtige Jäger, der etwa einen Löwen oder einen Wolf gezähmt hat, um dem Volke Schrecken einzuflöfsen, wird überhaupt nach der Nützlichkeit des gezähmten Tieres nie fragen. Das Pathos der Distanz hebt ja den Gedanken an die Nützlichkeit des Dinges auf. Die Römer, die ihre prachtvollen Zimmer mit teuren Möbeln überfüllten, jedoch zu gleicher Zeit durch daran befestigte Zettel den hohen Preis derselben ankündigten, dachten eben nicht an bequeme, harmonische Ausstattung ihrer Wohnung, da ihr Hauptzweck war, blofs durch den hohen Preis ihrer Wohnungseinrichtungen den Besuchern, Freien und Klienten, zu imponieren. Der Anzug einer eleganten Dame im heutigen Paris repräsentiert oft eine Summe, welche Hunderte von fleifsigen Arbeitern zusammen im ganzen Jahre nicht verdienen können. Da es aber dieser Dame wesentlich darauf ankommt, durch solch eine teure Toilette ihre Eleganz, ihre Macht, ihre hohe Stellung zu betonen, so würde ihr die Verbilligung des Kleidungsstoffes, die Erhöhung der Produktivität der Schneiderarbeit, kurz, die Verbilligung der Produktion unerwünscht sein, da dann jede Frau aus dem Volke sich mit gleicher Eleganz kleiden könnte [2].

---

[1] „Lady Montague wurde bei ihrem Aufenthalt in Wien 1716 bei Gastmählern des hohen Adels wiederholt mit mehr als 50 auf Silber angerichteten Schüsseln und einem entsprechenden Nachtisch auf dem feinsten Porzellan bewirtet.“ Friedländer a. a. O. III. S. 30. Dafs das silberne Geschirr besser seiner Funktion entspricht, als gewöhnliches, wird aber niemand behaupten wollen.

[2] „Der Luxus mit Kleiderstoffen wurde gegen Ende des 18. Jahrhunderts auf die Spitze getrieben durch die Verzierung an Spitzenbesatz, Stickerei und Goldborten, Perlen und Juwelen, wodurch zugleich der L o h n d e r A r b e i t für die Herstellung solcher Kleidungsstoffe ins Unglaubliche stieg, sodafs er bei einem einzigen Männeranzug den Betrag von 600 Thalern erreichen konnte. Ein Anzug des Marschalls Bassompierre, an dem die Stickerei allein so teuer zu stehen kam,

Der vornehme Herr, der verschwenderisch mit der menschlichen Arbeit umgeht, darin seinen Stolz sieht, damit seine Herrschaft über seine Mitmenschen dokumentiert, würde wohl nicht wenig Freude empfinden, wenn ihm ein neuer Versuch auf dem Gebiete der Bodenkultur schliefslich ein Produkt lieferte, das vielleicht nicht so sehr durch seinen Nährwert, als vielmehr durch seine Seltenheit die Vornehmheit und Auserlesenheit seiner Küche vor den Augen der Gesellschaft bezeugen könnte. Es wird dadurch ein neues Produkt gewonnen, ein neues Wirtschaftsobjekt, aber dieses Objekt mufs eben, um vornehm zu bleiben, selten vorkommen und mit grofser Mühe hergestellt werden, damit es die Wohlhabenheit und privilegierte Stellung seines Besitzers zur Schau tragen kann. Es wird daher nicht im Interesse der vornehmen Verbraucher dieses Produktes liegen, die Produktion desselben zu verbilligen, nach Mitteln und Wegen zu suchen, die die Herstellungskosten dieses Bodenproduktes so ermäfsigen, dafs es dem Volke zugänglich wird. Der Fortschritt der Arbeit, die Steigerung ihrer Produktivität findet eben in dem Streben der Vornehmen nach Absonderung durch Verteuerung der ihnen zugänglichen Lebensmittel und Thätigkeiten eine unüberschreitbare Grenze.

Hier also mufs ein neuer Faktor auftreten, der dem entstandenen neuen Bedürfnis seine aristokratische Hülle nimmt, dadurch aber ihm neue Expansivkraft verleiht, und die neuaufgekommene, für die Bedürfnisse eines engen vornehmen Kreises bestimmte Erwerbsthätigkeit zu einem wahren volkstümlichen Erwerbszweig macht. Dieser Faktor ist wiederum das Streben nach Macht, aber in seiner demokratischen Gestalt, das in der Seele des Volkes, der mittleren und niederen Stände, wohnt. Das Streben nach Macht, nach Geltung innerhalb der Gesellschaft, tritt jetzt auf, nicht in seiner rangabgrenzenden, auszeichnenden, differenzierenden Äufserungsform, sondern in einer entgegengesetzten, rangverwischenden, nivellierenden, integrierenden Gestalt, die die niederen Stände den höheren näher zu bringen und sämtliche Klassen der Gesellschaft in ein möglichst einheitliches und gleichartiges Ganzes zu verschmelzen bestrebt ist. Diese sociale Macht erscheint in der Form der Nachahmung, die sich mit unglaub-

---

kostete 14000 Thaler. Ein aus der besten Wolle in Kaschmir gewobener Shawl kostet gegenwärtig gegen 300 Pfd. Sterl.: die teuersten imitierten französischen Longshawls bis 1500 Francs." So berichtet Friedländer (a. a. O. III, S. 48), der diese Angaben aus dem „Auslande" 1865 entnommen hat. Allerdings ist mir der jetzige Preis dieser Gegenstände nicht bekannt. Immerhin beweisen die angegebenen hohen Werte, dafs es sich bei diesen Kleidungsstücken blofs um Vergeudung der Arbeit, in keinem Falle um Befriedigung eines vernünftigen Kleidungsbedürfnisses handelte.

licher Gewalt eben in den mittleren und niederen Ständen der Gesellschaft äufsert und sie zwingt, nach Aneignung der Kultur und Lebenshaltung der Bevorzugten zu streben. Durch den Einflufs der Nachahmung demokratisiert sich allmählich das in aristokratischen Kreisen aufgetauchte Bedürfnis. Und diese mit geradezu elementarer Macht wirkende Demokratisierung des Bedürfnisses ändert eben den ganzen Charakter derselben — ein socialpsychischer Prozefs, der als Verschiebung des Bedürfnisses bezeichnet werden kann.

Mit der Verbreitung der Gegenstände des aristokratischen Luxus in die mittleren und niederen Schichten der Gesellschaft fängt gewöhnlich die zweite, die Blütezeit einer bestimmten Kulturperiode an.

„Der Luxus dieser Periode“ — bemerkt Roscher — „erfüllt das ganze Leben und alle Klassen des Volkes. Den Grad seiner Entwicklung erkennt man daher am leichtesten aus der Verbrauchsmenge gewisser feinerer Waren, die zum Leben allenfalls entbehrt werden können, von welchen es aber gleichwohl um der Lebensfülle und Lebensfrische willen zu wünschen ist, dafs sie so ausgedehnt wie möglich zu Gegenständen der Volkskonsumtion werden [1].“

So erzeugte der berühmte römische Badeluxus das Reinlichkeitsbedürfnis im Volke. „Glastafel, Seife und Bücher sind die drei Gegenstände, durch deren Gebrauch hauptsächlich das Leben der heutigen Arbeiterklasse im Vergleich zu deren Lebensweise im Alterum am meisten und wesentlichsten verbessert worden ist [2].“

Der Wagen war zuerst blofs bei den höheren Klassen der Gesellschaft im Gebrauch. „Im äufsersten Westen hiefs die alte Priesterkaste Irlands Fenier, d. h. Wagenmänner, in Deutschland hielt Nerthus ihre Umzüge auf einem Wagen, und noch zur Zeit des Kaiserreiches ruhte, nach den Münzen zu schliefsen, der Steinkegel, der die Astarte von Sidon darstellte, auf einem Wagen, während heute noch Djaggernaut, eigentlich auch ein heiliger Stein, seinen feierlichen Umzug auf einem Wagen hält. Selbst in Ägypten mit seinem reichen Wagenverkehr hielt ein Gott seinen Umzug zu Wagen [3].“

Der heilige Wagen, der der Menschheit sicherlich äufserst wenig nützte, änderte bald seinen Charakter, als ihm die mit der Priesterkaste um die Herrschaft rivalisierende Kriegerklasse der ersteren entlehnte, und er nun, der socialen Stellung dieser Kaste entsprechend, zu Kriegszwecken diente. Er wurde also

---

[1] Zu den Resultaten des Luxus in unserer Zeit rechnet Roscher ein feineres Brotkorn, Thee, Kaffee, Zucker, Fleisch etc. a. a. O. § 229. Vergl. auch Friedländer a. a. O. III, Abschn. I.

[2] Hermann a. a. O. S. 102.

[3] Hahn a. a. O. S. 97.

zum Streitwagen. Erst allmählich verbreitete sich der Gebrauch des Wagens im Volke, er paſste sich den Bedürfnissen des Volkes an und wurde schlieſslich auch zum Last- und Fuhrmannswagen, in welcher Eigenschaft er eine Zahl sehr nützlicher wirtschaftlicher Leistungen bis auf den heutigen Tag verrichtet[1].

„Die Vervollkommnung der Nähnadel ist allmählich erfolgt, doch gewiſs ziemlich zeitig. Man muſs dies annehmen, weil sonst die Herstellung der zusammengesetzten Kleidungsstücke, wie sie bei den Chinesen und Indern kunstreich gefertigt wurden, später bei den Altgriechen und Ägyptern, unerklärlich wäre. Die Griechen und Römer schrieben den Phrygiern die Erfindung der Nähnadel zu, aus dem Grunde, weil von Phrygien zuerst schön gestickte Kleider und Decken nach Griechenland kamen. Es muſste dann auch das Sticken, ein zweiter Schritt zur Verschönerung der Kleider, eine Nadel erfordern von gröſserer und zierlicher Vollkommenheit.

Bei zunehmender Verwöhnung der besser situierten Frauen sank die Nähnadel, wie die Spinnerei und Weberei, in die Hände der Sklavinnen hinab, und reiche Römerinnen hatten eigene Näherinnen im Dienst, die den Namen satrices oder sarcinatrices führten und den Launen der edlen Frauen im höchsten Grade ausgesetzt waren.“

So Grothe[2].

Es erhellt daraus, daſs die Nähnadel erst für die Näharbeit der vornehmen Frauen bestimmt war. Daraus, daſs die Griechen die Erfindung der Nähnadel den Phrygiern zuschreiben, weil von ihrem Lande schön gestickte Decken und Kleider nach Griechenland kamen, läſst sich der Schluſs rechtfertigen, daſs wenigstens in Griechenland die Sticknadel der eigentlichen Nähnadel vorausging. Die Nadel war also zuerst ein vornehmes Instrument in den Händen der vornehmen Frauen, bestimmt zum Sticken, dann auch zum Nähen; aber als die Nadel auch in den Händen der niederen Stände auftauchte, verlor sie ihre Vornehmheit und kam in die Hände der Sklavinnen, zugleich aber auch in die der ärmeren, aber freien Klassen der Gesellschaft, wo dieselbe unzweifelhaft viel nützlichere Arbeit zu verrichten und thatsächlich für das Leben notwendige Kleidungsstücke zu produzieren anfing.

Aber auch auf dem Gebiete der eigentlichen ästhetischen wie auch der religiösen Bedürfnisse, der rechtlichen Einrichtungen, bemerken wir die eigenartige Wirkung der beiden

---

[1] Auch die modernen Eisenbahnen werden sehr oft zuerst zu Kriegszwecken gebaut, erst nachher kommen allgemein wirtschaftliche Rücksichten in Betracht.

[2] A a. O. S. 353.

Äufserungsformen des Geltungs- oder Rivalitätsstrebens. Die aristokratische Richtung des Strebens nach Macht, Auszeichnung und Rangabstufung wirkt erzeugend, gebärend auf Wissenschaft, Kunst und Recht im ganzen, wie auch auf die einzelnen Zweige derselben. Die demokratische Richtung desselben Triebes, die Nachahmung des Volkes, entreifst diese geistigen, ästhetischen und moralischen Güter den höheren Ständen und giebt ihnen durch Teilnahme des Volkes an den höheren Genüssen und Lebensformen eine neue Kraft, die dieselben erst zur Blüte und vollen Entfaltung bringt.

Dafs die Architektur ursprünglich hauptsächlich den höheren Ständen diente, ist eine nur allzu bekannte Thatsache. In dieser Phase ihrer Entwicklung dienten die weniger schönen als kolossalen Bauten, die verschiedenen Tempel, die klosterartigen Grottenkomplexe etc. etc. vornehmlich den Priestern zu Wohnungen und hatten ebenso wie die Pyramiden und Siegessäulen der ägyptischen Könige, die so viel menschliche Arbeit verschlangen, den Zweck, dem Volke zu imponieren, auf die Beschauer einen gewaltigen Eindruck zu machen, um den Ruhm Gottes, aber auch seiner nächsten Diener, wie auch den Ruhm der Könige zu verkünden[1]. Diese Architektur wurde aber nachgeahmt, und selbstverständlich erlitt die Baukunst bei ihrer Verwendung zu weniger ruhmreichen Zwecken eine dem entsprechende Veränderung, und so wirkten die aristokratischen Tempel und königlichen Paläste verfeinernd und veredelnd auch auf den Bau der gewöhnlichen menschlichen Behausungen ein. In dieser ihrer Gestalt wurde die Baukunst sogar zu einem der wichtigsten Wirtschaftszweige der Gesellschaft.

Eigentliche selbständige grofse Skulpturen werden zuerst von der Religion hervorgerufeu, um die Gestalten der Götter dem Volke vor Augen zu bringen — und dazu wird dann eine kolossale Form erwählt. „Die Statuen der Maoris auf den Inseln der Südsee, die Steinkolosse der Osterinsel, selbst die altgriechischen Holzkolosse, gehören hierher; veredelt erscheinen die indischen und ägyptischen Kolosse. Die ältesten Götterbilder zeigen allesamt eine furchtbare, abschreckende Gestalt und verzerrte Gesichter, denen man durch tierische Beigaben den Stempel des Übermenschlichen aufzuprägen strebte[2]."

---

[1] „Die Bau- und Bildkunst der Ägypter stand im Dienste der Religion, im Dienste der Könige, welche zugleich die ersten Priester waren." Max Duncker, Geschichte des Altertums I. S. 207 f.

[2] Klemm, Kulturgeschichte. Bd. I. S. 214—216. „Die Kunst diente bei den Indiern nur dem Kultus, der das ganze Leben in seinem Kreise gebannt hält, und der sich dabei dem Gottesbegriffe nicht anders als in ungeheuerlicher Symbolik zu nähern weifs." Fr. Kolb, Kulturgeschichte der Menschheit. (3. Aufl. Leipzig 1885.) Bd. I. S. 93 f.

Erst nach der Verbreitung der Skulptur im Volke wurde dieselbe dem Bereich der Religion entzogen und mehr und mehr verweltlicht. Dadurch änderte sich auch ihr Charakter, ihre Entwicklungssphäre wurde eine viel weitere, und sie erhob sich zum Range einer schönen Kunst, die aus den verschiedenen Gebieten des Lebens ihren Stoff entnahm und zu einer hohen und reichen Entfaltung gelangte. Bezüglich der Entwicklung der Baukunst im Mittelalter tritt uns dieselbe Erscheinung entgegen. „Der Steinbau der Kirchen in Deutschland war bis in's 11. Jahrhundert hinein die Sache italienischer Arbeiter (opus italicum), oder der Kleriker. Erst im 15. und 16. Jahrhundert entstehen besonders an den Strafsenecken, um Feuersbrünste aufzuhalten, und in Patricierhänden steinerne Privathäuser, werden Glasfenster üblich, sowie die Beheizung durch Öfen [1]."

G. Tarde äufsert sich hinsichtlich der Entstehung der Sprache dahin, dafs das Wort zuerst überhaupt ein Monopol der Vornehmen war.

„Das Wort dürfte ursprünglich einen Wunsch oder einen Befehl des Vaters an seine Kinder ausgedrückt haben, ohne jede Reciprocität; ein Gebet zu Gott, ohne jede Antwort. Es bildete eine Art priesterlicher oder monarchischer Funktion, etwa ein Geheimnis, ein heiliges Monopol. Nur das Oberhaupt hatte das Recht zu sprechen, das grofse Wort zu führen in seinem Kreise, wie heutzutage der Lehrer in der Schule. Aufserdem waren überhaupt nur die Auserwählten im Sprechen geübt, was einen Gegenstand der Bewunderung, später aber auch des Neides bildete. Das Bedürfnis zu hören dürfte dem Bedürfnis zu sprechen vorausgegangen sein [2]."

Nach Tarde dürfte erst der Neid auch den untergeordneten Mitgliedern des primitiven Stammes die Sprache zugeführt haben. Diese eigenartige Auffassung mag wohl übertrieben und auf die äufserste Zuspitzung und Verallgemeinerung der Nachahmungshypothese zurückzuführen sein. Sicherlich aber hat die Entwicklung der Sprache ihre volle Entfaltung bei diesem Kampf der höheren und niederen Stände zum grofsen Teil gewonnen. Die Mitglieder der bevorzugten Stände suchten immer neue Ausdrücke, neue Worte, Satzbildungen, um damit ihren socialen und geistigen Abstand zu dokumentieren. Dafs dies bis auf die neuere Zeit der Fall ist, erhellt daraus, dafs manche Dichter diesen Zug der höheren oder aufkommenden Stände zum Gegenstand ihrer beifsenden Satyre gemacht haben. So z. B. Molière in seinen Lustspielen: „Les femmes savantes" und in „Les précieuses ridicules". Allerdings macht sich Martine lustig über das Kauderwelsch der gelehrten

[1] G. Schmoller, Grundrifs a. a. O. S. 207—208.
[2] Les lois de l'imitation, p. 223.

Damen, aber trotzdem würde auch sie schliefslich etwas von ihnen lernen; denn im Grunde genommen ahmt der Mensch wenn auch unbewufst oft auch das nach, was er lächerlich findet. Dasselbe Thema wählte auch der russische Dichter von Wisinn. Dieses beständige Streben nach einer auserwählten Sprache bereicherte gewifs die menschliche Sprache und gab ihr eine grofse Anzahl von wirklich vornehmen, oder als vornehm angesehenen Ausdrücken und Bildungsformen, von denen der Volksgeist schliefslich doch sehr vieles acceptiert haben mag.

„Auch die Schrift stellt zuerst ein Geheimnis der Priester und der Herrscher dar und bildet ihr einflufsreichstes Machtmittel; allmählich gewinnt aber das Bürgertum Anteil daran. So in den orientalischen Staaten [1]."

Selbstredend wurde die Schrift erst durch ihre Verbreitung im Volke zum allmächtigsten Hebel der Kultur.

Auf dem Gebiete der socialrechtlichen Einrichtungen liefern uns einige Momente der Entwicklungsgeschichte der Familie und der Ehe ein hochinteressantes Beispiel für die Wirkung des Machtstrebens auf die Entstehung der höheren Formen des menschlichen Lebens.

Hier ist nicht der Ort dazu, sich eingehend mit der Entwicklungsgeschichte des Familienlebens in allen seinen verschiedenartigen, bunt mit einander verschlungenen Formen zu beschäftigen. Wir lassen auch hier die Frage dahingestellt, ob die Sonderfamilie, die aus Mann, Weib und ihren Kindern besteht, die allerprimitivste Form der Familie gebildet hat, wie manche Sociologen der jüngsten Zeit annehmen, oder aber, ob die Promiscuität die erste Form des geschlechtlichen Verkehrs gewesen ist, die eine längere Reihe von verschiedenen Eheverbindungen zu durchlaufen hatte, bis sie schliefslich zur monogynen Ehe und zur Sonderfamilie sich erheben konnte, wie dies die älteren Sociologen und Kulturhistoriker lehren [2].

Eines steht fest, dafs die Polygamie eine relativ spätere sociale Erscheinung ist, die sich als eine Art Luxus von den primitiven Formen des Ehelebens allmählich abgesondert hat.

„Bei gewissen amerikanischen Stämmen hatten nur die Häuptlinge die Erlaubnis, mehrere Weiber zu halten. Ein ähnliches ausschliefsliches Vorrecht scheint dem Adel im alten Peru gewährt worden zu sein. Bei den Ainos von Jesso darf nach Siebold blofs der Dorfhäuptling, und an einigen

---

[1] G. Schmoller, a. a. O. S. 13.

[2] Vergl. E. Grofse, Die Formen der Familie und die Formen der Wirtschaft. S. 41—46. Vergl. auch Ed. Westermark, Geschichte der menschlichen Ehe. (Übersetzt von L. Katscher und R. Grazer.) Jena 1893. S. 33—130.

Orten noch die wohlhabendere Klasse mehr als eine Gattin haben [1]."

„Auch in China bildete das Konkubinat in den frühesten Zeiten blofs ein Vorrecht der wohlhabenden Klassen [2]."

„In Unyoro wäre es, nach Emin Pascha, füre inen Häuptling vollkommen unschicklich, weniger als zehn bis fünfzehn Weiber zu haben [3]."

Desgleichen erzählt Burckhardt von den Arabern, dafs nur reiche Scheikh's imstande sind, mehrere Wirtschaften zu führen, was eine notwendige Folge des Zusammenlebens mit mehreren Weibern ist [4]. Im allgemeinen läfst sich mit Bestimmtheit annehmen, dafs auf einer gewissen Höhe der Kultur, hauptsächlich bei den höheren Jäger- und Hirtenvölkern, die Polygamie in aufserordentlichem Mafse entwickelt ist.

Fragt man nach den Motiven, welche den Menschen bewogen haben, zur Polygamie überzugehen, so ist leicht ersichtlich, dafs das Streben nach Absonderung, Auszeichnung, Bewunderung der Nebenmenschen einen bedeutenden Einflufs auf die Entstehung dieser Eheform gehabt hat.

„Die gröfsere Körperkraft und geistige Energie — sagt Lippert — welche einzelnen Männern den Vorrang als Krieger und Häuptlinge verschaffte, verlieh ihnen auch ein gröfseres Vermögen, sich Weiber zu erringen, entweder indem sie dieselben aus anderen Stämmen raubten, oder indem sie sie den Männern ihres eigenen Stammes entrissen. Und in gleicher Weise, wie der Besitz eines durch Raub erworbenen Weibes allmählich als ein Merkmal höherer Stellung angesehen wurde, geschah es sicher mit dem Besitze überhaupt mehrerer fremder oder einheimischer Frauen [5]."

Auch Westermark, welcher der Raubehe keine so grofse Bedeutung beimifst, giebt doch zu, dafs das Streben nach Ansehen eines der Hauptmotive zur Erwerbung mehrerer Weiber war.

„Eine gröfsere Zahl von Weibern — meint derselbe — hebt das Ansehen des Mannes nicht nur, weil sie sein Vermögen und die Zahl seiner Kinder vermehrt, oder weil sie ihn befähigt, freigebig zu sein und für Fremde und Gäste ein offenes

---

[1] Westermark. S. 440. Vergl. auch Wellhausen, Die Ehe bei den Arabern in den Nachrichten der k. Gesellschaft zu Göttingen. No. II. 1893. S. 463 f.

[2] Westermark. S. 441.

[3] Westermark. S. 439.

[4] Klemm a. a. O. IV. S. 149. Vgl. auch Waitz a. a. O. IV. S. 416. Vergl. auch Pallas, Reise durch verschiedene Provinzen des russischen Reiches III. S. 314 f.

[5] Herbert Spencer, Principien der Sociologie. (Dtsch. von Vetter.) Bd. II. 1887. S. 258 ff. Vergl. auch Krapf, Reise in Ostafrika. II. S. 297.

Haus zu führen, sondern auch, weil sie eine Überlegenheit an persönlichen Fähigkeiten, an Reichtum und Rang voraussetzen läfst. Die Reisebeschreibungen wimmeln von Angaben wie: „die Bedeutung eines Mannes steht immer in geradem Verhältnis zur Zahl seiner Frauen“, oder „die Polygamie gilt für den besten Beweis des Reichtums und Ansehens“. So wird derjenige Apache, der die gröfste Zahl von Frauen erhalten, heiraten, durch seinen Reichtum anziehen kann, des gröfsten Ansehens und der gröfsten Ehre für würdig erachtet[1].“

Diese Polygamie bildete natürlich eine festere Eheform im Vergleich zu den vorangegangenen, wenn auch durch Sitte und Recht gegebenen, so doch viel freieren Eheverbindungen.

„Da die Ursachen, — meint Westermark — welche die Dauer der Ehe beeinflussen, in so hohem Mafse mit den die Form der Ehe bestimmenden Momenten zusammenfallen — insoweit sie die Monogamie und die Vielweiberei betreffen — so dürfen wir erwarten, strenge Monogamie mit Beständigkeit, Vielweiberei mit Unbeständigkeit der Ehe verbunden zu sehen. Doch ist dies nur zum Teil richtig. Wenn die Monogamie ihre Entstehung hauptsächlich der Unfähigkeit des Mannes verdankt, viele Weiber zu erlangen, oder wenn die Vielweiberei ihm keine ökonomischen Vorteile bietet, so trachtet er in vielen Fällen danach, die Schattenseiten der Monogamie durch häufigen Wechsel der Lebensgefährtin wettzumachen[2].“ Im Vergleich mit einer solchen Monogamie, wo das Band, welches den Gatten und Vater an seine Familie fesselt, noch ein ziemlich loses ist, ist die Polygamie ein Fortschritt auf dem Wege der Ausbildung dauerhafterer und edlerer Beziehungen sowohl zwischen den Ehegatten wie auch zwischen dem Vater und seinen Kindern zu nennen. In dieser Beziehung äufsert sich das Streben nach Macht, diesmal seitens der Frau, als ein veredelnder, humanisierender, socialer Faktor.

Zuerst zeigt sich die differenzierende Wirkung des Strebens nach Macht in ihrer absondernden rangabstufenden Form.

„Wo Vielweiberei vorkommt, — meint Westermark — erscheint sie in der Regel derart abgeändert, dafs sie sich der Monogamie nähert, erstens durch die höhere Stellung, welche einer der Gattinnen, gewöhnlich der zuerst erwählten, eingeräumt wird, zweitens durch den der Lieblingsfrau hinsichtlich des Geschlechtsverkehrs gegebenen Vorzug[3].“ Bei den Kaffern wird eine der Frauen, welche nicht immer die erstgeehelichte zu sein braucht, als die grofse Frau (omkulu) bezeichnet, und ihre männlichen Nachkommen sind zunächst zur Erbfolge

---

[1] A. a. O. S. 494.
[2] A. a. O. S. 536.
[3] A. a. O. S. 444 ff.

berechtigt. Es folgen dann zwei andere Frauen, die tiefer im Range stehen, die Frau der rechten und die Frau der linken Hand, deren Häuser ebenfalls bevorrechtigt sind und beim Erlöschen des Hauses der grofsen Frau an deren Stelle treten[1]. Zuerst allerdings ist die Hauptfrau, ebenso wie die Nebenfrauen, Sklavin des Mannes, welcher sie bezahlt hat[2]. Aber allmählich erweitern sich die Rechte der bevorzugten Frauen, ihre Stellung dem Manne gegenüber wird eine freiere, gerechtere. Sie reden ihren Lebensgefährten mit einem, unserem „Gemahl“ entsprechenden Ausdruck an, während die Kebsweiber ihn Gebieter nennen[3]. Allerdings ändert sich zunächst die Lage der übrigen Weiber zum Schlechteren, sie sinken auf die Stufe von Kebsweibern und Mägden hinab, die öfters unter den Launen der herrschsüchtigen Hauptfrau viel zu leiden haben. Hier zeigt sich also auch die Schattenseite der differenzierenden socialen Macht.

In dem Moment aber, wo die Nachahmung der niederen Stände ihre Wirkung auszuüben anfängt, ändert sich die Lage der Frau erheblich zum Besseren, es entsteht die einzelne Familie und die einzelne dauerhafte Ehe, in welcher sich die Ehegatten und Kinder zu einer nicht nur dauerhafteren, sondern auch viel innigeren, gerechteren und edleren Lebensgemeinschaft vereinigen. Dies kommt zustande durch die Wechselwirkung der höheren und niederen Stände. Da die ärmeren Mitglieder der Gesellschaft sich den Luxus der Vielweiberei nicht gestatten konnten, so mufsten sie sich mit einer einzigen Frau begnügen, die sie oft auf friedlichem Wege, manchmal auch durch Raub erlangten. „Was so geschaffen und als das Zuträglichste erkannt wird, das heiligt dann die Sitte und das Gesetz“[4], bis es schliefslich gelingt, auch den Höheren und Höchsten die Monogamie zur Pflicht zu machen. Andererseits wirkt die freiere und bessere Stellung der Frau des Vornehmen wohlthuend auf die Lage der Frauen der niederen Stände ein, welch' letztere eben den höhergestellten Mitgliedern nachahmen, und die Rechte von deren Frauen auch ihren eigenen Frauen zugänglich machen. Es wird als etwas Vornehmes betrachtet, die Frau human und edel zu behandeln.

So wird die veredelte Monogamie zur Grundlage der späteren Gesellschaft — und eine der allerwichtigsten Errungenschaften auf socialem und sittlichem Gebiete ist damit gewonnen[5].

So wirkt im social-ökonomischen Leben des Menschen der Geltungs- oder, wie Schmoller ihn treffend nennt, Rivalitäts-

---

[1] Fritsch a. a. O. S. 92.
[2] Grofse a. a. O. S. 109.
[3] Westermark a. a. O. S. 449.
[4] Lippert a. a. O. II. S. 85.
[5] Vergl. auch Tarde a. a. O. Kap. IV. S. 232—252.

trieb in seinen aristokratischen und demokratischen Äufserungsformen fördernd und anspornend auf die Entwicklung neuer Bedürfnisse, neuer Erwerbszweige, neuer, edlerer, höherer Rechts- und Familienverhältnisse ein, verleiht der menschlichen Gesellschaft die Vielheit und Variabilität der socialen und rechtlichen Bildungen, die für die Vervollkommnung der einzelnen und der Gesellschaft so unentbehrlich sind. Der Kampf der verschiedenen Klassen um die Bedürfnisse und die sociale Machtstellung zeigt sich auch auf dem Gebiete des socialen Lebens als die Grundbedingung, als conditio sine qua non der menschlichen Entwicklung überhaupt[1].

Das Gesagte giebt uns die Möglichkeit, auch den zweiten, von uns in dem vorangegangenen Kapitel besprochenen Widerspruch im Phänomen der Bedürfnisentwicklung zu lösen. Die Entwicklung der Bedürfnisse schien unmöglich zu sein, weil jedes neu entstandene Bedürfnis eine ihm entsprechende Arbeitsleistung voraussetzt, während diese Arbeitsleistung ihrerseits ohne das Bedürfnis, auf das dieselbe gerichtet ist, undenkbar wäre. Dieser Widerspruch löst sich aber leicht, sobald wir das sociale Moment und die Verschiebung der Bedürfnisse in Betracht ziehen. Das neuauftauchende Bedürfnis trägt bei seiner Geburt hauptsächlich den Charakter eines socialen Bedürfnisses, d. h. es entspringt mehr aus dem Geltungstrieb, aus der Ruhm- und Herrschsucht, dem Ehrgefühl etc. Ob nun die Arbeit, die zur Befriedriedigung solch' eines Bedürfnisses verwendet wird, selbst wiederum mehr aristokratischer Natur ist, d. h. selbst als vornehme, edle, auszeichnende Thätigkeit auftritt, wie z. B. die ursprüngliche Zähmung der verschiedenen Tier- und Vogelarten, die Tabakspflanzung des Negers etc., oder ob diese Arbeit, bei stärkerer Ausprägung der socialen Abhängigkeitsverhältnisse, von vornherein den

---

[1] Bekanntlich unterscheidet Nietzsche in jeder Gesellschaft Herren und Sklaven und dementsprechend teilt er auch die sittliche Weltanschauung] der Menschen in Herrenmoral und Sklavenmoral. Nietzsche selbst erklärt sich für die erstere, während er die letzere mit aller Gewalt und Begeisterung eines geniale Denkers zu bekämpfen sucht. „Während alle vornehme Moral aus einem triumphierenden Ja-sagen zu sich selber heraus wächst, sagt die Sklavenmoral von vornherein Nein zu einem „Aufserhalb“, zu einem „Anders“, zu einem Nicht-selbst, und ies Neiu ist ihre schöpferische That.“ Dieses trifft entschieden nicht zu. Die Gesellschaft is allerdings in herrschende und untergeordnete Klassen geteilt, und diese sociale Differenzierung ist eben die Bedingung jeder socialeu Evolution. Aber in jedem „Sklaven“ ist auch die „Herrennatur“, wie auch in jedem Herrn die „Sclavennatur“ zu erkennen. Und beide Schichten der Gesellschaft, die herrschende wie die untergeordnete, entwickeln sich „aus einem triumphierenden Ja-sagen zu sich selbst“. (Vergl. Nitzsche, Zur Genealogie der Moral. I. und II. Abhandlung.) Vergl. auch Fr. A. Lange a. a. O. Kap. II u. III. Grumplowicz a. a. O. Abschn. III. Engels, Anti-Dühring. S. 169—193. Simmel a. a. Kap. II und IV.

Schultern der social Schwächeren und Untergeordneten aufgebürdet wird, wie bei den Römern, die ihre Sklaven zu allerlei schwierigen und manchmal qualvollen Arbeitseinrichtungen zwangen, um Objekte zu schaffen, die ihren Herrengelüsten entgegenkamen, — in beiden Fällen entspricht die Arbeit ursprünglich eben dem Streben, sich auszuzeichnen, die Würde des Menschen, des Höheren, des „Übermenschen“ zu betonen. Hat sich aber dieses Bedürfnis auch unter den niederen Ständen, im Kreise der Unvornehmen, der einfachen Menschen, dank dem Nachahmungstrieb, Verbreitung verschafft, so streift das Bedürfnis seinen „übermenschlichen“, vornehmen Charakter ab, und damit verliert es auch die in demselben hervortretenden rangabhebenden, differenzierenden Momente. Jetzt erst treten die physischen, ästhetischen Beziehungen des Menschen zu den Befriedigungsobjekten deutlicher hervor, es entsteht dann thatsächlich ein neues, dem Erhaltungs-, Schönheits- und Geselligkeitstriebe entsprechendes Bedürfnis. Das auf diese Weise demokratisierte Bedürfnis büfst zum Teil seinen aristokratischen Charakter ein, es hört auf, hauptsächlich dem Streben nach Absonderung, Anerkennung und Bewunderung zu dienen. Daraus ergiebt sich mit Notwendigkeit eine wesentliche Änderung in der Anwendungsmethode und in dem ganzen Charakter der diesem veränderten Bedürfnisse entsprechenden Thätigkeit, indem dieselbe immer zweckmäfsiger, wirtschaftlicher und produktiver gestaltet wird.

In der Entwicklung der Bedürfnisse können wir demnach zwei wesentlich verschiedene Stufen unterscheiden:

Die erste Stufe bildet die sociale Differenzierung der Bedürfnisse. Dieselbe besteht darin, dafs die höherstehenden Mitglieder oder Klassen der Gesellschaft sich durch die Zahl, die Form und den Charakter der Befriedigung ihrer Bedürfnisse von den tieferstehenden, untergeordneten socialen Gruppen zu unterscheiden und abzusondern suchen. Dadurch entstehen fortwährend neue Bedürfnisse und neue Befriedigungsformen der schon vorhandenen Bedürfnisse. Auf dieser Stufe der Bedürfnisentwicklung spielt das aristokratische Streben nach Auszeichnung und Bewunderung eine Hauptrolle. In dem zweiten Stadium der Bedürfnisentwicklung tritt die Nachahmung hervor, die der Verbreitung der Bedürfnisse unter den niederen Schichten der Gesellschaft förderlich ist. Mit diesem Momente verschiebt sich der Charakter des Bedürfnisses, mit diesem Momente tritt das Streben nach Auszeichnung zurück, dagegen treten die anderen elementaren Triebe, wie der Erhaltungs- und Schönheitstrieb, in den Vordergrund und drücken dem neugewonnenen Bedürfnisse ihren Stempel auf. Wir können fast sagen, dafs erst in diesem Stadium das eigentliche neue Bedürfnis entsteht, da dasselbe erst jetzt, durch den Einflufs des Volkes, mehr und mehr den wirklichen Existenzbedingungen und kulturellen Bestrebungen der ganzen Gesellschaft zu dienen anfängt. Die Thatsache, daſs die neuentstandenen Bedürfnisse zwei verschiedene Stadien in ihrer Entwicklung durchlaufen, bedingt die Verknüpfung verschiedener Triebe socialer, ästhetischer und physiologischer Natur in jedem konkreten Bedürfnisse und erzeugt eine reiche Fülle von Bedürfnissen, die für die sociale und kulturelle Ausbildung von höchster Bedeutung ist[1].

Da die höheren Kreise der Gesellschaft bei der Befriedigung und Vermehrung ihrer Bedürfnisse hauptsächlich dem Bestreben zu imponieren und ihre sociale Macht zu betonen folgen, so ist es selbstverständlich, daſs sie bei der Wahl der Objekte, die zur Befriedigung ihrer Bedürfuisse dienen, von solchen Rücksichten sich leiten lassen, die nicht immer zur Veredlung und Vervollkommnung des Menschen und zur freien Entfaltung seiner Natur führen. Da es ihnen wesentlich auf ihre Absonderung und die Hervorhebung ihrer Macht ankommt, so sind ihnen vornehmlich solche Objekte für die Bedürfnisbefriedigung erwünscht, die selten vorkommen und viel Arbeit oder auszeichnende Thätigkeit zu ihrer Herstellung benötigen. Es ist daher natürlich, wenn sie mitunter zu solchen Befriedigungsformen ihrer Bedürfnisse ihre Zuflucht nehmen, die gerade geeignet sind, ihre Gesundheit zu zerrütten, ihre normale geistige, ästhetische und ethische Entwicklung aufzuhalten und zu vernichten. Der unsinnige verderbliche Luxus der Römer, auf den wir später noch zurückkommen werden, giebt uns einen genügenden Beweis dafür. Erst das Eingreifen der niederen Stände, durch welches das Motiv der Absonderung zurückgedrängt wird, schafft darin Wandel, und von den verschiedenartigen Objekten und Befriedigungsformen der Bedürfnisse, die durch Vermittlung der höheren Kreise in die Gesellschaft eindrangen, können nur diejenigen standhalten, die thatsächlich dem Menschen zu gute kommen, die Entfaltung seiner geistigen und physischen Kräfte begünstigen. Erst innerhalb des erweiterten Kreises der Gesellschaft, der alle Stände und Klassen umfaſst, entspinnt sich ein Kampf sowohl zwischen den verschiedenen neuaufgetauchten Bedürfnissen, wie auch zwischen den verschiedenen Objekten, die zu ihrer Befriedigung dienen, bis schlieſslich diejenigen Bedürfnisse und Objekte ihrer Befriedigung siegen, welche thatsächlich dem Wohl des Menschen und seinem Fortschritt zu dienen geeignet sind. „Die Lust- und Unlustgefühle nötigen den Menschen, „aus sich heraus zu gehen“, sie veranlassen ihn,

[1] Die Bedürfnisse ändern sich mit der Einführung neuer Güter, mit deren Verwendung und mit der Auffindung neuer verwertbarer Eigenschaften an schon anerkannten Gütern, sowie mit dem steigenden oder sinkenden Preise der begehrten Dinge. Hermann a. a. O. S. 102. Vergl. Tönnies, „Gemeinschaft und Gesellschaft“. 1887. S. 53.

tastend, suchend, überlegend das aufzusuchen, was ihn vom Schmerz befreit, was ihm Befriedigung und Glück verschafft[1]." Aber dies Suchen und Wählen wäre unmöglich, wenn nicht die höheren Schichten der Gesellschaft eine Fülle von Bedürfnissen und Befriedigungsformen geschaffen hätten, unter denen dann eine Auswahl getroffen werden konnte. Mit anderen Worten, für die Entwicklung der menschlichen Bedürfnisse und der im Menschen schlummernden Kräfte ist es notwendig, dafs sowohl die höheren wie die niederen Klassen der Gesellschaft mit ihren eigenartigen Motiven und Trieben, die in das sociale und wirtschaftliche Leben eingreifen, Hand in Hand gehen, um die menschliche Thätigkeit den allgemeinen Interessen der Gesellschaft anzupassen.

6.

Der Kampf um die ästhetische und wirtschaftliche Thätigkeit.

Ebenso wie für die Entwicklung und Vervollkommnung der menschlichen Bedürfnisse die Wechselwirkung der herrschenden und untergeordneten Gesellschaftsschichten und der fortwährend bestehende Kampf zwischen ihnen notwendig ist, ebenso ist jede Entfaltung der geistigen wie der wirtschaftlichen Thätigkeitsformen undenkbar ohne Reibung der verschiedenen socialen Gruppen und Elemente innerhalb einer und derselben Gesellschaft und ohne deren beständige Wirkung aufeinander.

a. Kunst und Handwerk.

„Das Gemüt des Menschen befindet sich in einem Zustande, den man um so genauer als einen ästhetischen bezeichnen kann, je mehr das betreffende Individuum, wenn man es als ein aus Einzelorganen zusammengesetztes Ganzes betrachtet, eine bestimmte Stelle seines Leibes oder ein bestimmtes Sinnesorgan als den Sitz oder Vermittler eines freudigen Gefühles anzugeben vermag; je mehr ferner dieses Gefühl gleichzeitig den Charakter der Unerschöpflichkeit besitzt, — und endlich je weniger diese freudige Empfindung mit der Abnutzung, der Ermüdung seines ganzen Organismus verbunden ist.

Das Vorhandensein der Ruhe, das ist die Abwesenheit jeglichen Ermüdungsgefühles während einer ästhetischen Stimmung und der Charakter der Unerschöpflichkeit dieser freudigen Stimmung selbst, bewirkt das eigentliche Beseligende in einer solchen Situation[2]."

---

[1] G. Schmoller a. a. O. S. 22.

[2] J. Popper, Die technischen Fortschritte nach ihrer ästhetischen und künstlerischen Bedeutung. (Leipzig 1888.) S. 25—26.

Jedes Kunstwerk mufs eben diese nicht zur Ermüdung führende, freudige, als eine gleichmäfsige Welle über alle Teile unserer Seele und unseres Körpers sich verbreitende Erregung hervorrufen, um als eine ästhetische Schöpfung gelten zu können.

Um ein solches Kunstwerk zu schaffen, dazu gehört eine langwierige, öfters sehr ermüdende, höchst konzentrierte Thätigkeit. Die ästhetische Stimmung an sich würde keinen genügenden Antrieb zu einer künstlerischen Leistung darbieten. Mag der Schaffensdrang thatsächlich in einem unbestimmten heifsen Wunsche, etwas Vollendetes zu schaffen, um sich an dem Gefühle des Könnens zu ergötzen, seinen Grund haben; mag irgend ein seelisches oder körperliches Kraftbewufstsein, das eine Auslösung in irgend welcher That gebieterisch erheischt, den Menschen zu künstlerischen Thätigkeiten, z. B. zum Singen etc. anspornen, — immer aber reichen diese psychischen Momente an sich nicht aus, um künstlerisch vollendete Gebilde zu schaffen. Der Schaffensdrang erlahmt mit der wachsenden Einsicht in die Beschränktheit der menschlichen Kräfte und die stärkste Aufwallung erlischt, bevor die künstlerische That vollbracht ist. Es müssen andere Momente hinzukommen, um den Menschen allmählich zum wirklichen Schöpfer zu erheben. Hier äufsert sich wieder das Streben nach Absonderung und Anerkennung als eine schöpferische Macht. „Die Kunst war im Anfange eine vornehme Thätigkeit. Das Eigentümliche der liberalen Berufe, zu welchem auch der Künstlerberuf gehört, liegt in dem Umstande, dafs viele dieser Thätigkeiten in älterer Zeit unbezahlte Nebenbeschäftigungen der Priester oder anderer Aristokraten waren[1].“ Die Kunst galt eben als etwas schon an sich Auszeichnendes, Absonderndes, Rangabhebendes, und in dieser ihrer auszeichnenden Eigenschaft lag ihr hoher Wert. Sie befriedigte eben das Streben nach Macht; daher rührt denn auch der vornehme Genufs, den der Aristokrat der primitiven Gesellschaft an seinem mitunter erschöpfenden und ermüdenden künstlerischen Schaffen zu finden glaubte. Dieser innere Antrieb zum Schaffen reichte jedoch nicht aus, um etwas wirklich Schönes zu vollbringen. Der primitive Aristokrat war ein zu freier Mensch, der mit seiner ganzen, von intensiven, aber schnell vorübergehenden Leidenschaften beherrschten Seele zu sehr an der Freiheit hing, um sich irgend einen Zwang, sei es auch im Namen der freien Kunst, gefallen zu lassen. Er konnte daher nicht weit auf dem Gebiete des künstlerischen Schaffens fortkommen, das, was aus diesem Schaffen entstand, blieb meistens nur geringwertiges Stückwerk.

Allmählich aber verbreitete sich die künstlerische Thätigkeit

[1] Schmoller, Grundrifs. S. 353.

auch innerhalb der übrigen Schichten der Gesellschaft. Die hohe Aristokratie begünstigte die Verbreitung in den weiteren Kreisen des Volkes der im Anfang als vornehm erachteten künstlerischen Thätigkeit und nahm nunmehr für sich den viel leichteren, vornehmeren Genufs an den Kunstprodukten in Anspruch. Die Kunst und ihre Wirkung differenzierten sich innerhalb der Gesellschaft. Der Genufs am Produkte des künstlerischen Schaffens, die Beurteilung, die Wertschätzung der künstlerischen Leistung blieb nach wie vor ein Privilegium, ein Monopol der aristokratischen Gesellschaftskreise, während die künstlerischen Leistungen selbst den Mitgliedern der mittleren und unteren Kreise zufielen. Die Kunst wurde für die letzteren ein Mittel zum Erwerb, zur Erlangung von Lebensmitteln und manchmal auch der Gunst der Mächtigen. Diese Nebenzwecke verhalfen dem Künstler aus den untergeordneten Klassen dazu, die für die Erlangung grofser Geschicklichkeit und ungewöhnlicher Fertigkeit zur Ausübung des Berufes notwendige Ausdauer und Konzentration der Kräfte zu gewinnen. Nun wissen wir aber, dafs die wahre Kunst immer frei bleiben mufs, sie verträgt keine Unterordnung unter irgend welche Nebenzwecke, sie bleibt immer Selbstzweck. Daher sehen wir dort, wo das sociale Leben keinen freien Künstler hervorzubringen imstande war, wo die Kunst zu den Sklaven herabsank, dafs sie dort nicht zu irgend einer nennenswerten Höhe sich erheben konnte. „Was den Aufschwung der Kunst“, sagt G. Fr. Kolb, „am meisten in Ägypten hemmen und lähmen mufste, war das Sklaventum, in welchem sie darniederlag. Auf den erhaltenen ägyptischen Abbildungen, welche Maler und Bildhauer darstellen, erscheint neben diesen „Künstlern“ der Aufseher mit der Zuchtruthe. Es waren Sklaven, die zu Kunstübungen gepeitscht wurden [1].“

Aber sobald die Kunst sich demokratisiert, fängt ein merkwürdiger Prozefs der Differenzierung an, die man in eine subjektive und eine objektive Differenzierung einteilen kann. Aus der grofsen Zahl von sogenannten Künstlern, die mittelst ihrer Kunst sich wirtschaftliche und sociale Vorteile zu erwerben suchen, sondert sich allmählich der wahre Künstler ab, der als gottbegnadeter König, als ein freier Schöpfer nur seinem inneren Drange folgt, ohne Rücksicht auf Nebenzwecke. Die übrigen sogenannten Künstler, die vielleicht einen hohen Grad von Fertigkeit in ihren Kunstübungen erreichen, bleiben eben nur Handwerker in der Kunst. Aber auch das Handwerk selbst entsteht auf diese Weise. Im Anfange wurde eben Gewerbe und wirkliche Kunst in eine einzige Kategorie zusammengeworfen. Daher dienten auch die Produkte der primitiven gewerblichen Thätigkeit mehr dem feinen ästhetischen

---

[1] Kulturgeschichte. 3. Aufl. Leipzig 1885. Bd. I. S. 108.

Genuſs der höheren Klassen als irgend welchen wirtschaftlichen Zwecken. „Die gewerbliche Thätigkeit scheint allerwärts von der Körperbemalung, Durchbohrung oder sonstigen Verunstaltungen von einzelnen Körperteilen auszugehen und nach und nach fortzuschreiten zur Erzeugung von Schmuck, Masken, Rindenzeichnungen, Petroglyphen und ähnlichen Spielereien. Die Töpferei, die Holzschnitzerei und sogar die Flechtkunst beginnen mit der Erzeugung von Tiergestalten, und selbst als man zur Herstellung von Gegenständen des täglichen Gebrauches (Töpfen, Schemeln etc.) übergeht, wird die Tierfigur mit merkwürdiger Konsequenz festgehalten[1].“ Daher die auſserordentliche Feinheit, die die Produkte der primitiven Gewerbe auszeichnet. Gewerbe, die sich mit den Lebensbedingungen der Germanen vertragen, haben stellenweise den Rang von wirklichen Künsten erreicht. „Die Gewebe und Filzarbeiten der centralasiatischen Stämme genügen auch den ästhetischen Ansprüchen höherer Völker[2].“ Das Handwerk befand sich auch zuerst in der Hand der höheren Stände. Diodor erzählt von einer Insel Panchäa, dem glücklichen Arabien gegenüber im roten Meere gelegen. Dieselbe habe eine eigentümliche sociale Verfassung. Unter anderem zerfalle die Bevölkerung in drei Kasten, von denen die höchste Kaste die Priester und Handwerker bilden[3].

Erst allmählich beginnt das Handwerk sich in den untergeordneten Klassen zu verbreiten und wird zur bezahlten technischen Leistung. Die ältesten Handwerker sind die Metallarbeiter. Sie sind, wenn auch nicht ganz so alt wie die Erfindung des Metallgusses, so doch entstanden, sobald die Technik desselben sich vervollkommnet und eine bedeutende erlernte Kunstfertigkeit dafür erfordert wurde[4]. Dieses Handwerk war also eine Art Kunst und verlieh ihrem Besitzer eine relativ höhere sociale Stellung als die der übrigen, mit gewöhnlichen, keine besondere Kunstfertigkeit erheischenden friedlichen Beschäftigungen. „Der Metallschmied tritt uns zuerst als Aristokrat und Zauberer, als Kenner aller Geheimnisse der Natur, als Arzt, oft auch als Musiker, als Wirt, bei dem alle lauschen, entgegen[5].“ „Noch in der homerischen Zeit dient die Schmiede als ein Lokal, wo sich ebenso wie in der Lesche, dem Klubhause der Gemeinde, die Nachbarn zum Gespräch zusammenfinden, namentlich zur Winterzeit, wo man

---

[1] Bücher, Die Entstehung der Volkswirtschaft. (2. Aufl.) S. 33.

[2] E. Groſse a. a. O. S. 94. Vergl. Fritsch a. a. O. S. 70 ff. und Paulitschke a. a. O. S. 236.

[3] Diodor III. 305.

[4] Ed. Meyer, Die wirtschaftliche Entwicklung des Altertums. S. 16. Vergl. auch G. Schmoller a. a. O. S. 78—124.

[5] G. Schmoller, Grundriſs etc. S. 203.

ein wärmendes Feuer aufsucht. Auch die Bettler finden hier eine Unterkunft für die Nacht[1]."

Ebenso geschickte Künstler-Handwerker waren die Erzgiefser, die Thonarbeiter, welche die kostbaren Metallarbeiten in Thon nachbildeten, die eigentlichen Künstler in Thon, Stein, Metall, der Zimmermann, der Häuser für Götter und Menschen, Pflüge, Schiffe bauen kann. Auch die Spielleute, die Tänzer, Gaukler, Musiker, Sänger etc., die Zauberer, die zur Zeit ärztliche Funktionen verrichteten — diese alle bilden eine Art Mittelstand, weil die Grofsen und Mächtigen besonders ihrer Kunst bedurften. „Stets erhielt sich der Zauberer, der Sänger, der Spielmann, der Musiker, der sich bezahlen liefs, neben dem vornehmen Aristokraten, der ähnliche Künste ohne Bezahlung ausübte. Als Diener, als Sklave an den Höfen der Grofsen fanden sich die Talente, die Spafsmacher oder Gaukler, die Musiker oder Sänger zusammen; geistige und künstlerische Begabung aus den unteren Ständen, aus anderen Ländern konnten nur so ihr Brot finden[2]." Die Geschicktesten und Talentvollsten unter ihnen fanden nicht nur ihr Brot, sondern auch Anerkennung, reiche Belohnung und Bewunderung; sie dienten durch ihre Leistungen nicht nur ihren materiellen Interessen, sondern auch ihren socialen Trieben.

Selbstredend hat sich innerhalb der sogenannten Künster die keine besondere künstlerische Veranlagung, kein künstlerisches Talent zu ihrer Ausübung verlangen, die Zahl der Ausübenden sehr rasch vermehrt. Dieselben sinken dadurch zu einfachen Handwerkern herab, und mit ihnen sinkt auch ihre Kunst zum Handwerk. Von da an suchte das Handwerk, seinem wahren Charakter gemäfs, den Nützlichkeitsinteressen der ganzen Bevölkerung, nicht nur dem ästhetischen Genusse der Herrschenden zu dienen. So entstand das Handwerk.

b. Theoretische und angewandte Wissenschaft.

Denselben Entwicklungsgang wie die Kunst und das Handwerk hatte die Wissenschaft durchzumachen.

„Die Wirklichkeit ist dem Menschen als ein grofses Rätsel aufgegeben. Der Versuch, die Lösung des Rätsels auszusprechen, den Schlüssel zu dem mysterium magnum des Daseins zu finden, das ist die Philosophie[3]."

Fühlt aber der Mensch das Rätsel des Seins, fängt er an, die Widersprüche, die in den vor seinen Augen sich täglich

---

[1] Ed. Meyer a. a. O. S. 16. Bemerkung.

[2] G. Schmoller, Thatsachen der Arbeitsteilung. S. 81.

[3] Paulsen, Einleitung in die Philosophie. 4. Aufl. S. 19. Vergl. auch Drobisch, Logik. 1863. S. 171 ff.

vollziehenden Erscheinungen liegen, zu begreifen, so verursachen ihm diese rätselhaften Erscheinungen auf dem Gebiete seiner Erfahrung, diese Widersprüche der äufseren und inneren Welt, lebhafte Schmerzen. Die erkannte Unwissenheit ist eine Qual. Daher wendet sich der Mensch von der Erforschung der Wirklichkeit ab und begnügt sich mit Erklärungen, die ihm seine Phantasie spielenderweise zur Beruhigung seines forschenden Geistes liefert. Daher die grofse Beliebtheit der Mythologie.

Erst dann erwacht in der Menschenseele der reine Wahrheitstrieb, wenn derselbe an der Qual des Denkens eine besondere Freude findet. Dies ist aber blofs dann der Fall, wenn dies Denken ein Privilegium, ein Monopol der höheren Stände, der Vornehmen, der Freien bildet. Der hohe Genufs, den ihm die auszeichnende, rangabhebende Denkthätigkeit giebt, verwandelt die Schmerzen des Denkens in ein entgegengesetztes Lustgefühl. Dafür sehen wir auch, dafs das wahre Streben nach Wahrheit, die eigentliche Philosophie, ursprünglich blofs innerhalb der wohlhabenden Klassen festen Fufs fafste.

„Man darf unbedenklich annehmen, meint Fr. A. Lange, nachdem er uns die besonders günstige Lage Griechenlands im Altertum geschildert hat, dafs längst vor dem Auftreten der Philosophen unter diesen Verhältnissen eine freiere und aufgeklärte Weltanschauung sich unter den höheren Schichten der Gesellschaft verbreitet hatte .... In diesen Kreisen wohlhabender, angesehener, weltgewandter und vielgereister Männer entstand die Philosophie[1]." Diese treibt dann im langsamen Wachstum die einzelnen Wissenschaften als Glieder aus sich hervor.

Aber dieses Wachstum der Wissenschaft, die beständige Abzweigung neuer wissenschaftlicher Disciplinen aus dem Baume der Philosophie geht Hand in Hand mit der Demokratisierung des Wissenstriebes. Die Aristokratie, die ihre wissenschaftlichen Studien als eine vornehme Thätigkeit betreibt, die, zum Teil wenigstens, den Zweck verfolgt, ihre Vornehmheit, Allweisheit, ihren Abstand von dem unwissenden Pöbel zu dokumentieren, — die Aristokratie, deren wissenschaftliche Beschäftigung noch immer mehr den Charakter des edlen Spiels, als der gemeinen Arbeit trägt, diese würde immerfort an der Lösung der unlösbaren Probleme des Seins und des Denkens haften bleiben, sie würde vielmehr Freude haben an erhabenen, geistreichen, halb wissenschaftlichen, halb imaginären philosophischen Konstruktionen, als an der Vertiefung auf einzelne beschränkte Aufgaben und Probleme, die sich mehr der Wirklichkeit, den einzelnen begrenzten Teilen der Wirklichkeit zuwenden. Die Specialisierung der Wissenschaft ist

---

[1] Fr. A. Lange, Geschichte des Materialismus. 1876. S. 5.

schon das Produkt der demokratischen Elemente. Die aus den Reihen der niederen Stände aufkommenden, begabten Naturen suchten, indem sie die höheren nachahmten, die rein geistigen Bestrebungen mit praktischen Interessen zu verknüpfen, für sie war die Wissenschaft kein erhabenes, vornehmes, edles Spiel des intellektuellen und ästhetischen Triebes, sondern eine ernste Lebensaufgabe, dazu auch ein Mittel, um sich eine höhere Stellung, mehr wirtschaftliche und sociale Freiheit zu verschaffen. Deshalb war auch ihre wissenschaftliche Thätigkeit eine viel ernstere, nicht eine freie, erholende Beschäftigung, sondern eine öfter sehr anstrengende und erschöpfende Arbeit[1]. Aus ihren Reihen entstanden allerdings die glänzendsten Rhetoriker und Sophisten, die mit ihrem Wissen Schwindel trieben, aber auch die bescheidenen, ernsten, unbemerkt gebliebenen Fachmänner, die ihr ganzes Leben vielleicht dem Sammeln von Material für gewisse wissenschaftliche Zwecke oder einem einzigen engbeschränkten Gebiet zuwandten, wo sie mehr positive, aber wenig glänzende und imposante Resultate zu erzielen suchten. Die Wissenschaft wurde zum Beruf, die Gelehrten zu einer Berufsklasse.

Die Ausbildung der Wissenschaft dankt man also auch dem Streben der genannten Mitglieder, wenn auch nicht der allerniedersten, so doch der niederen Stände zur Erlangung einer höheren socialen und wirtschaftlichen Stellung, und die praktische Richtung, die dadurch die Wissenschaft erlangte, trug sehr viel zur Erhöhung der Produktivität der menschlichen Arbeit, auch der materiellen, bei.

Aber diese praktische Richtung der Wissenschaft und der Künste hatten auch ihre dunklen Schattenseiten aufzuweisen[2].

Die materiellen Zwecke, aber auch die engen, beschränkten Aufgaben, drückten oft den inneren Wert der höheren Kunst und der Wissenschaft herunter, raubten ihnen ihren hohen Flug, nahmen ihnen den wohlthuenden Einflufs der kombinierenden freien Phantasie. Daher die Notwendigkeit der aristokratischen Richtung in der Kunst und Wissenschaft, die z. B. sehr oft in der Wissenschaft, obwohl nicht ganz richtige, doch sehr anregende philosophische Konstruktionen hervor-

---

[1] Vergl. auch J. Popper a. a. O. S. 1—14.

[2] G. Schmoller a. a. O. S. 81. „Man hat in unseren Tagen mit vollem Recht auf die schlimmen Folgen hingewiesen, welche aus immer weiter vorschreitender Verkleinerung und Verselbständigung des Untersuchungsobjektes für den einzelnen Forscher erwachsen kann, und es ist insbesondere betont worden, dafs der vorgeschrittene Specialist trotz gröfster persönlicher Befähigung gerade infolge der andauernden Isolierung des Objektes für seine Untersuchungen sehr groben Irrtümern verfallen konnte.“ Knies a. a. O. S. 7. Vergl. auch Fr. Nietzsche, Jenseits von Gut und Böse. 1900. S. 14—15.

bringt und dadurch den eigentlich praktischen Wissenschaften neuen Anstofs giebt.

So wirken hier wiederum die aristokratischen und demokratischen Strömungen im socialen Leben ergänzend und befruchtend auf einander ein. Diese Wechselwirkung erzeugt den künstlerischen und geistigen Fortschritt und die gewerbliche Thätigkeit[1].

c. Der Kampf um den Boden.

Nach der seit Olufsen und Hanssen in der Socialökonomie und Kulturgeschichte fast allgemein verbreiteten Auffassung bezüglich der Grundeigentumserstehung sollte die kollektivistische Besitzform an Grund und Boden die einzige Eigentumsform in der Übergangsperiode vom Nomadentum zum sefshaften Ackerbau gewesen sein.

Die Gesellschaften der Urzeit bestehen z. B. nach der Ansicht Laveleye-Büchers, in dem Augenblick, wo sie vom Hirtenleben zum Ackerbau übergehen, aus Gruppen von Menschen, welche durch das Band einer gemeinsamen Abstammung vereinigt sind. Alle sind Eigentümer eines unabgeteilten Stückes des Gemeindebodens, alle gleich und frei.

„So setzt sich die Nation aus einer grofsen Zahl von kleinen selbständigen Republiken zusammen, welche durch ein föderatives Band zusammengehalten werden[2].“

„Denken wir uns ein Hirtenvolk, — sagt Roscher — das sein bisheriges Wanderleben mit Ackerbau und festen Wohnsitzen vertauscht. Jedes Geschlecht (Stamm, Clan etc.) desselben hält als solches innig zusammen, und die Mitglieder sind, vielleicht mit Ausnahme des Häuptlings, einander gleich. Hier ergiebt es sich von selbst, dafs die Landschaft, welche sie besetzen, als Gemeingut betrachtet wird. Im fest gelegenen Teile baut man das Dorf, dessen Häuser, Höfe und Gärten in gewissem Sinne das erste unbewegliche Privateigentum bilden[3].“

Für die Richtigkeit dieser Auffassung scheinen sämtliche Quellen, die uns für die Aufhellung der urgeschichtlichen Probleme zu Gebote stehen, zu sprechen.

---

1 Über das Verhältnis der Philosophie zur Wissenschaft. Vergl. Paulsen a. a. O. S. 3—45. Die Ausbildung der Handwerke und der verschiedenen wissenschaftlichen Disciplinen bildet in socialökonomischer Beziehung eine der wichtigsten Formen der socialen Arbeitsteilung. Dabei spielt das sociale Streben nach Geltung eine bedeutende Rolle, worauf wir später näher eingehen werden.

2 Ureigentum. (Leipzig 1876.) S. 421.

3 Nationalökonomie des Ackerbaues und der verwandten Urproduktionen. (Stuttgart 1873.) S. 232 ff. Vergl. auch G. Hanssen, Agrarhistorische Abhandlungen. Bd. I. (Leipzig 1880.) S. 7—9.

Es zeigt sich nämlich, dafs Völker der verschiedensten Rassen, unter allen Himmelsstrichen, dieselbe eigentümliche Agrarverfassung, die in ihren wesentlichen Zügen einen kollektivistischen Charakter trägt, besitzen [1].

Zieht man noch in Betracht, dafs für sämtliche primitiven Völker die Siedelung und das Zusammenwohnen in Dörfern eine unentbehrliche sociale Einrichtung ist, ohne welche ihnen jede Erweiterung des bebauten Feldareals und jede Verbesserung der Bodenkultur unmöglich ist, so ergiebt sich, wie es scheint, von selbst die Annahme, dafs die kollektivistische Dorfverfassung als eine natürliche Folge der primitiven Produktionsweise die einzig unter solchen Umständen denkbare Rechtsordnung sei [2].

Trotz aller dieser zu gunsten der genannten Auffassung vom Ursprunge des kollektivistischen Grundeigentums sprechenden Erwägungen wird sich diese Auffassung bei näherer Prüfung als eine zur Erklärung der Entwicklung der verschiedenen Bodenbesitzformen unzulängliche und mit den Thatsachen des wirklichen kulturellen Entwicklungsganges unvereinbare Hypothese herausstellen.

Zuerst mufs darauf hingewiesen werden, dafs diese Hypothese, die das kollektivistische Grundeigentum als die erste Besitzform an Grund und Boden bei den zur festen Ansiedlung übergegangenen Völkern hinstellen zu können glaubt, nicht imstande ist, irgend eine befriedigende Erklärung für die Entstehung des individuellen Grundbesitzes, des bäuerlichen wie des grundherrlichen, zu geben.

Hinsichtlich der Entstehung des grundherrschaftlichen Bodenbesitzes aus der kollektivistischen Agrarverfassung der Urzeit wird eine Reihe von Gründen socialpolitischer, technischer und socialrechtlicher Natur ins Treffen geführt.

Aber sämtliche Gründe sind schon deshalb unzulänglich, weil dieselbe schon die Existenz einer hoch differenzierten socialen Gemeinschaft, die aus wirtschaftlich und social mächtigen und freien Herren einerseits und aus machtlosen, abhängigen Untergeordneten andererseits besteht, zur Voraussetzung hat, während es sich doch um die Erklärung der Entstehung eben dieser Macht und dieses Vermögens innerhalb einer undifferenzierten, auf vollständiger Gleichberechtigung

---

[1] Wie weit diese Übereinstimmung auch in nebensächlichen Dingen geht, zeigt die bei verschiedenen Völkern festgestellte Verbreitung des Brauches, bei der Bestimmung der Grenze zwischen zwei benachbarten Marken Kinder mitzunehmen und sie tüchtig durchzuhauen, damit sie ihr ganzes Leben lang an dieses Ereignis denken und dasselbe bezeugen können.

[2] Vergl. Roscher a. a. O. S. 242 ff. Hanssen a. a. O. S. 2 f. Laveley-Bücher a. a. O. S. 36. Rachfahl, Zur Geschichte des Grundeigentums, in Conrad's Jahrbüchern f. Nationalökon. und Statistik. 1900. Bd. 19. S. 6 ff.

aller Genossen beruhenden Urverfassung des Dorfes handelt. Auch die Schilderung der Entstehung des bäuerlichen Sonderbesitzes, welche wir in den Werken der meisten Kulturhistoriker und Socialökonomen finden, läuft auf eine petitio principii hinaus, da sie immer von einem Thatbestand ausgeht, dessen Entstehung erst durch diese Schilderung erklärt werden sollte.

Es ist aber eine andere Erklärung für die Entstehung der bäuerlichen Einzelwirtschaft versucht worden und zwar durch die sogenannten Bifänge im Walde. „Bifänge“, sagt Meitzen, „sind bei den Nomaden eine sehr bekannte Erscheinung. Allgemein gilt bei ihnen der Brauch, dafs jeder das Recht hat, in den Weiderevieren seines Stammes ein Stück geeignetes Land in Kultur zu nehmen, wenn er es hinreichend fest einzäunt[1].“

Es ist nicht ausgeschlossen, dafs unter gewissen Umständen, auf die wir erst später näher zurückkommen, die Ansiedlungen von einzelnen Bauern im Walde eine nicht seltene Erscheinung gewesen ist, aber jedenfalls würde diese relativ spät sich ausbildende Ansiedlungsform als Ausgangspunkt für die Ausbildung des bäuerlichen Einzelwirtschaftsbetriebes und Landbesitzes nicht verwertet werden können. Innerhalb der primitiven Gemeinschaft wäre solch eine Absonderung und Entfernung der einzelnen Mitglieder von der ganzen Gemeinschaft ein Ding der Unmöglichkeit. Die Sippe gab ja dem primitiven Menschen eine sichere Stütze im Kampfe um sein höchst bedrohtes Dasein, die Sippe war die einzige in der Urzeit zweckmäfsige Lebensform, die jedem einzelnen Menschen die Möglichkeit zur Entfaltung und Ausbildung seiner Kräfte sicherte. „Der Einzelhof, der inmitten seiner Grundstücke wirtschaftet, kürzt zwar die Wege, spart die Kosten, stellt einen geschlosseneren Wirtschaftskörper dar als die Bauernwirtschaft im Dorfe, aber das sind Vorzüge, die nicht so leicht bei niedriger Kultur erkannt werden und wirken können, und denen andere Nachteile für die verschiedenen Lebenszwecke entgegenstehen. Das isolierte Wohnen raubt dem primitiven Menschen die gewohnte gesellige Umgebung, oft auch den nötigen Schutz[2].“ Andererseits war die primitive Gesellschaft in viel höherem Mafse als die heutige auf die Leistungen ihrer einzelnen Mitglieder angewiesen[3]. Eine Losreifsung des einzelnen Mitgliedes und einsame Ansiedlung im Walde würde ja sowohl für diesen vereinsamten Ansiedler selbst, wie für die ganze primitive Gemeinschaft sehr gefährlich werden können, da sie die zweckmäfsige Grundlage

---

[1] Siedelung und Agrarwesen der Westgermanen und Ostgermanen. (Berlin 1895.) Bd. I. S. 136—137.

[2] Vergl. Schmoller a. a. O. S. 260.

[3] Vergl. Simmel a. a. O. S. 22 ff.

der Gesellschaft zerrüttet, damit aber sowohl die ganze Gemeinschaft, wie auch den einzelnen ihrer Macht und Stärke, ihrer einzig vernünftigen Existenzform beraubt.

Endlich läfst sich gegen die erwähnte Auffassung von dem Ursprunge des Bodenkommunismus folgendes einwenden. Es wird ja von keinem ihrer Vertreter geleugnet, dafs es schon innerhalb der Jäger- und Hirtenvölker zu einer erheblichen Differenzierung der Gesellschaft, zur Ausbildung erheblicher Besitzunterschiede wenigstens hinsichtlich der beweglichen Güter gekommen sei. Was Mommsen von den Römern sagt, das läfst sich auch von den meisten anderen Rassen und Völkern behaupten, nämlich dafs sich das Eigentum nicht an den Liegenschaften, sondern zunächst an Sklaven und Viehstand entwickelt habe[1]. Schon Häuptlinge relativ niedrig stehender Jägervölker besitzen zahlreiche Sklaven. Auch die patriarchalische Grofsfamilie der meisten Hirtenvölker beruht auf der strengen Unterordnung der Frauen und Kinder unter die Gewalt des Patriarchen, wie auf der innerhalb dieser Gemeinschaft sehr verbreiteten Institution der Sklaverei. Nimmt man also an, dafs überall „die Gesellschaft der Urzeit in dem Augenblicke, wo sie vom Hirtenleben zum Ackerbau übergeht, nur aus Geschlechtsgenossenschaften besteht, deren Mitglieder alle gleich und frei sind, dafs die Nation aus einer grofsen Zahl von kleinen selbständigen Republiken besteht, welche durch ein föderatives Band zusammengehalten werden, so entsteht von selbst die Frage: Wie konnte sich plötzlich die sehr weit in ihrer Differenzierung vorgeschrittene Nomadengemeinschaft in eine bestimmte Zahl von undifferenzierten, meistens armen Dorfgenossenschaften verwandeln, die doch eine allgemeine Gleichheit wenigstens hinsichtlich des Besitzes zur Basis ihrer socialen Verfassung haben? Wo in aller Welt sind diese reichen Sklaven- und Herdenbesitzer hingekommen? Es ist doch nicht anzunehmen, dafs diese zu ihrer Zeit so mächtigen und einflufsreichen Gewalthaber der Nomadengesellschaft aus freien Stücken, blofs zu Gunsten der kommunistischen Theorie sich ihrer Vorrechte begeben und sich selbst zu einfachen Genossen der Dorfrepubliken herabgewürdigt haben. Thatsächlich zeigt uns die Wirklichkeit gerade das Entgegengesetzte von dem, was die Theorie annimmt[2].

Nirgends in der Geschichte finden wir in der Übergangsepoche vom Nomadentum zum sefshaften Ackerbau die bäuerliche Dorfgenossenschaft als die vorherrschende, oder gar ausschliefsliche Form des Grundbesitzes vor. Umgekehrt existieren

---

[1] Schmoller a. a. O. S. 369. Vergl. Mommsen, Römische Geschichte. Bd. I. S. 153 ff.

[2] Vergl. auch R. Pöhlmann, Die Feldgemeinschaft bei Homer. In der Zeitschrift f. Social- u. Wirtschaftsgeschichte. Bd. I. (1893.) S. 4.

zu dieser Zeit nebeneinander und in beständiger Wechselwirkung sowohl der kommunistische wie der individuelle Grundbesitz, und dieser letztere tritt uns sowohl in der Gestalt des grundherrlichen wie des freien bäuerlichen Besitzes (Hufe, Einzelhof) entgegen.

Die Annahme also, dafs, auf irgend einer Stufe der geschichtlichen Entwicklung der Menschheit, die genossenschaftliche Besitzform an Grund und Boden die alleinherrschende gewesen sei, beruht nicht auf wirklichen Thatsachen, ist daher als eine Hypothese zu betrachten, die sofort ihren wissenschaftlichen Wert verliert, sobald bewiesen wird, dafs sie uns keine hinreichende und befriedigende Erklärung für die Entwicklung des Grundeigentums in allen seinen verschiedenartigen Gestaltungen zu geben vermag.

Aber auch die entgegengesetzte Auffassung, die den freien, unabhängigen Einzelmenschen, insbesondere aber den individuellen Bodenbesitz zum Ausgangspunkte der Entwicklung des Grundeigentums macht, ist nicht imstande, die Entstehung der kollektivistischen Agrarverfassung hinreichend zu erklären. Sämtliche Adepten dieser Ansicht erfanden verschiedenartige Erklärungen für diese Entstehung, in denen sie sich mit dem wirklichen Entwicklungsgange des Grundeigentums arg in Widerspruch setzten.

Es lohnt sich nicht, hier näher auf die naive Ansicht der älteren Kameralisten einzugehen, welche die in Einzelhöfen wohnenden freien Bauern erst im Mittelalter ihre abgerundeten, die Bestellung so sehr erleichternden Feldkomplexe in zerstreut liegende Kämpe zerstückeln und ihre weit voneinander entfernten Wohnungen in Dörfer zusammenrücken liefsen, damit sie ihre Person und Habe vor dem plötzlich aufgetauchten Feinde schützen könnten. Es ist nicht einzusehen, warum eben diese Feinde, seien es nun Menschen, wilde Tiere, oder blinde Naturgewalten, sich bis zum Mittelalter so lange ruhig und friedlich verhalten haben sollten, um jetzt plötzlich die glücklichen Bauern ihre verderbenbringende Macht fühlen zu lassen.

Die weitgehendste Ausbildung fand die Theorie von dem ursprünglichen Vorherrschen des individuellen Besitzes bei Hildebrand [1]. „Da die Natur“, sagt dieser, „von freien Stücken nur selten so viel Nahrungsmittel auf einem Flecke zusammenhäuft, dafs eine gröfsere Anzahl von Individuen davon existieren kann, so leben die Menschen auf dieser untersten Stufe auch meist noch ganz zerstreut, d. h. nur in Familien, nicht in Horden zusammen.“ Die Unzulänglichkeit dieser strengsten Fassung der individualistischen Theorie ist durch Rachfahl

---

[1] Richard Hildebrand, Recht und Sitte auf den verschiedenen wirtschaftlichen Kulturstufen. Erster Teil. (Jena 1896.) S. 1—24.

klar nachgewiesen. „Bei den Jägern und Fischern“, bemerkt dieser u. a., „kennt Hildebrand nur die Sonderfamilie, bei den Viehzüchtern tauchen plötzlich „Stämme und Geschlechter“ auf. Woher so plötzlich dieser Fortschritt der Gesellschaftsverfassung? Eine Entwicklungsgeschichte von Sitte und Recht hätte doch die Aufgabe, die Ursachen aufzudecken, und in Anbetracht der Hauptthese, die er verficht, hätte Hildebrand unbedingt die Pflicht, zu zeigen, wie dieser Fortschritt der Gesellschaftsverfassung wesentlich und ausschliefslich zu erklären ist durch die inzwischen erfolgten wirtschaftlichen Fortschritte, durch den Übergang von der Jagd zur Viehzucht u. s. w. . . Ausdrücklich wird bezeugt, dafs sich der niedere Jäger vor allem als Glied seiner Horde fühlt, während das Stammesbewufstsein nur ausnahmsweise praktische Bedeutung gewinnt.“

„Wo ist in der ganzen Ethnologie und Geschichte — fragt ferner Rachfahl — ein ganzes Volk aufweisbar, das als Form der socialen Organisation nur die Einzelfamilie gekannt hätte?“ [1]

Merkwürdigerweise ist fast von allen Forschern auf dem Gebiete der Agrarverfassungsgeschichte ein Moment aufser acht gelassen worden, welches, wie mir scheint, geeignet sei, auf das Problem der Entstehung des Grundeigentums ein neues Licht zu werfen.

Wir müssen nämlich bei jeder Gemeinschaft zwei wesentlich verschiedene Momente auseinanderhalten, das socialrechtliche und das ökonomisch-technische Moment.

Fassen wir diejenige Agrarverfassung ins Auge, die uns im allgemeinen als Markgenossenschaft bekannt ist und die, wie es scheint, in der Übergangsperiode vom Nomadentum zum sefshaften Ackerbau allgemein verbreitet war, so tritt uns in derselben, in socialrechtlicher Hinsicht, die primitive Gentilverfassung entgegen, allerdings mit einer wesentlichen Modificierung im Sinne des individuellen Besitzes, da der gemeinsame Bodenbesitz mit besonderem Nutzungsrecht der einzelnen, zur Zeit schon selbständigen Markgenossen verknüpft ist.

In ökonomisch-technischer Beziehung finden wir dagegen in derselben Agrargemeinschaft eine relativ sehr hoch entwickelte Bodenkultur, in manchen Fällen sogar den Getreidebau, der, auch in seiner primitiveren Form, eine höhere Form des Landbaues repräsentiert.

Es entsteht also von selbst die Frage: wie konnte sich eine so niedrige socialrechtliche Agrarverfassung, wie sie z. B. in der Gentilverfassung zur Zeit Cäsars und sogar noch in

[1] Rachfahl a. a. O. S. 28.

der Dorfgenossenschaft der späteren Perioden zum Ausdruck kommt, mit einer hohen Bodenkultur vereinigen?

Da der Landbau von dem primitivsten Hackbau bis auf den relativ hoch entwickelten Ackerbau, der mit der wilden Brennwirtschaft und erst recht mit der Dreifelderwirtschaft verknüpft ist, eine ganze Reihe von Entwicklungsstadien und technischer Umwälzungen zu durchlaufen hatte, so scheint es unbegreiflich, dafs diese Veränderungen und Umwälzungen in der Technik der Bodenkultur ohne jede, wenigstens ohne jede merkliche Rückwirkung auf die Gentilverfassung geblieben sein sollten.

Die Frage, die uns also hinsichtlich der Argrarverfassung in der erwähnten Übergangsperiode vom nomadischen zum festen Ackerbau beschäftigt, würde der bis jetzt üblichen Fragestellung entgegengesetzt sein. Die Dorfverfassung als solche ist eine überall auf den primitiven Stufen der Kultur verbreitete, natürliche sociale Erscheinung. „Bei der Sippe — die doch auch in der Dorfgenossenschaft zu erkennen ist — brauchten wir nicht nach den Motiven ihrer Gründung zu fragen; eine Sippe wird nicht geschaffen, sondern sie entsteht. Man tritt nicht durch einen Entschlufs in ihre Kreise ein, sondern man wird durch die Geburt in sie hineingestellt [1]."

Hierin liegt der grofse Irrtum der Individualisten, welche dieses natürliche sociale Gebilde, das uns auch in der Feldgemeinschaft, obwohl zum Teil schon in modificierter Gestalt, entgegentritt, auf irgend welche bewufsten Entschlüsse zurückführen, seien es nun Entschlüsse der Bauern, die ihre individuelle Freiheit angeblich aufgeben, um in der Gemeinschaft ihren Schutz zu suchen, oder Entschlüsse der herrschenden Adligen und Könige, welche diese Gemeinschaft speciell für ihre selbst- und herrschsüchtigen Zwecke geschaffen haben.

Die natürliche Frage ist vielmehr die: Wie war es möglich, innerhalb der wenig differenzierten Sippengenossenschaft einen sehr erheblichen Fortschritt in dem Landbau zu erzielen, ohne diese primitive sociale Verfassung in ihren Grundlagen zu erschüttern?

Die Antwort auf diese Frage läfst sich kurz folgendermafsen zusammenfassen: Der eigentliche Ackerbau, der sich durch seine ganze Bestellungsart, insbesondere durch Anwendung des Pfluges und der Zugtiere, wie auch durch die angebauten Produkte (hauptsächlich Getreidearten) kennzeichnet, hat sich zuerst nur bei solchen nomadisierenden Völkern entwickelt, die sich durch eine fortgeschrittene sociale Differenzierung auszeichnen, wie dies auch von Hilde-

[1] E. Grofse a. a. O. S. 21.

brand, Meitzen und vielen anderen Social- und Wirtschaftshistorikern angenommen wird.

„Der Übergang zum Ackerbau,“ sagt z. B. v. Middendorf, ein ausgezeichneter Beobachter der Halbkulturvölker, „beginnt ausnahmslos so, dafs reiche Gewalthaber unter den Kirgisen den Boden durch vollkommen verarmte Stammesgenossen fast für das liebe Brot allein bearbeiten lassen. Anfangs folgen diese noch den nomadischen Wanderungen ihrer herdenbesitzenden Principale und kehren nur zu bestimmten Jahreszeiten zu den Feldern zurück [1].“ „Da die Bearbeitung der Äcker, — meint Hildebrand — Arbeitskräfte während des ganzen Sommers erfordert und das Nomadisieren der betreffenden Leute unmöglich macht, so können sich die Feldbestellung meist nur sehr reiche Leute leisten, die die Ernährung der Arbeiter von ihrem Viehüberflusse während des ganzen Sommers duchführen können [2].“ Diese Aufwälzung des Ackerbaues auf die Schultern der schwächeren Gesellschaftselemente scheint aber das zweite Stadium in der Entwicklung des höheren Ackerbaues vorzustellen, da dieselbe schon die Kenntnis des höheren Ackerbaues voraussetzt.

Es ist daher mit grofser Wahrscheinlichkeit die Annahme berechtigt, dafs der Getreidebau eine vornehme Beschäftigung gewesen ist, die allerdings in sehr unbedeutendem Umfange dort, wo die Nomaden sich im Sommer befanden, zuerst von dem vornehmeren Teil der Gesellschaft betrieben wurde. Erst als auch die niedrigeren Schichten der Gesellschaft denselben zu betreiben anfingen, entschlugen sich die Vornehmen dieser volkstümlich gewordenen Beschäftigung und bürdeten sie gänzlich ihren Sklaven und abhängigen Stammesgenossen auf [3]. Einige Beweise für den hier geschilderten Entwicklungsgang sind früher (S. 65—66) angeführt worden.

In diesem Stadium seiner Entwicklung trägt der Getreidebau noch einen nomadischen Charakter und ist noch nicht zur Hauptsubsistenzquelle des Volkes geworden.

Nun wissen wir aber, dafs überall in der Periode des Überganges vom Nomadenleben zum Ackerbau kleine aber freie sociale Gemeinschaften, die noch fast ganz undifferenziert sind und die primitive Gentilverfassung zur Grundlage ihrer

[1] Einblick in das Fergana-Thal. S. 345.

[2] Hildebrand a. a. O. S. 48.

[3] Vergl. Laveleye-Bücher a. a. O. S. 426. Hier wird dieser Entwicklungsgang gerade umgekehrt dargestellt. Nicht weil die Reichen durch Leibeigene und Sklaven den Getreidebau auszuführen beginnen, betrachten die vornehmen Herren die landwirtschaftliche Thätigkeit als eine niedere Beschäftigung, sondern umgekehrt, weil auch die unbemittelten, aber freien Mitglieder der Gesellschaft ihn lieb gewannen, überlassen die vornehmen Herren die Bestellung des Bodens ihren Leibeigenen und ärmeren Stammesgenossen.

socialen Ordnung haben, ebenfalls den relativ hochstehenden Getreidebau betreiben. Innerhalb dieser niederen Nomadenstämme könnte ja der Ackerbau nicht durch die höheren Schichten eingeführt werden, weil solche Schichten so gut wie garnicht vorhanden sind. Es läfst sich aber in keinem Falle annehmen, dafs diese undifferenzierten Gemeinschaften allein durch eigenen Antrieb ohne jede äufsere Einwirkung zum Getreidebau übergegangen sind. Ein solcher technischer Fortschritt setzt seinerseits eine Reihe von Entdeckungen auf dem Gebiete der Technik und Bodenkultur voraus, dieselben aber sind undenkbar ohne eine entsprechende Veränderung in der socialrechtlichen Struktur des gesellschaftlichen Organismus. Es bleibt daher nichts übrig, als den Getreidebau bei den niedereren Nomadenstämmen auf die Einwirkung der fortgeschritteneren Nomadenstämme zurückzuführen.

Es wäre unrichtig anzunehmen, dafs die Nachahmung der höheren Gruppen der Gesellschaft seitens der niederen und minder fortgeschrittenen socialen Schichten blofs auf die verschiedenen Klassen e i n u n d e r s e l b e n Gemeinschaft beschränkt bleibt. Im Gegenteil würde bei dem starken Nachahmungstriebe des Menschen die Annahme richtig sein, dafs die kulturellen und technischen Fortschritte sich allmählich von Haus zu Haus, von Volk zu Volk, von einer socialen Gemeinschaft zur anderen fortpflanzen und immer weitere, schliefslich territorial und politisch fast völlig getrennte Kreise erfassen. Demnach wäre es ganz natürlich, wenn die minder differenzierten Nomadengemeinschaften, die vielleicht blofs den Hackbau kannten, die verbesserte Bodenkultur höher entwickelter Völkerschaften sich anzueignen und ihrer primitiven socialen Verfassung anzupassen verstehen.

Die Ausbildung des unbeweglichen Ackerbaues geschieht, wie es scheint, durch die Vereinigung der höher stehenden, mit dem höheren Ackerbau bekannten Nomadenvölker mit den niederen Jäger- und Hackbauvölkern, und zwar durch gewaltsame Unterjochung der letzteren durch die ersteren. Wenn die niederen Völkerschaften die höhere Bodenkultur sich schon anzueignen wufsten, bevor das siegende Volk so weit in seiner Entwicklung und Macht gekommen war, dafs es die Unterjochten einfach zu Sklaven herabzudrücken vermochte, so entstehen folgende sociale und wirtschaftliche Veränderungen in den verschiedenen Schichten der neugeschaffenen Gemeinwesen: die untergeordneten socialen Gruppen geraten in eine sociale und wirtschaftliche Abhängigkeit von den mächtigen Mitgliedern der höheren Gemeinschaft, den Herren. Diese Abhängigkeit wird zuerst eine relativ lose sein, da die Unterjochten mit allen ihnen zu Gebote stehenden Mitteln ihre sociale Freiheit und wirtschaftliche Selbständigkeit verteidigen, und da infolgedessen der herrschende Hirtenadel sich zuerst mit allerlei Abgaben, welche die untergeordneten Gemeinschaften zu entrichten haben, begnügt. Diese letzteren behalten ihre sociale Verfassung und relative Selbständigkeit. Derjenige Teil des Bodens, der ihnen von den Siegern belassen wird, bleibt wie vorher als Gesamteigentum der Sippe oder patriarchalischen Grofsfamilie unantastbar bestehen. Gewöhnlich aber verlieren dabei die unterjochten Gemeinschaften das Recht des freien Nomadisierens, — und das ist das Wichtigste an diesem socialen Prozesse — da ihr bewegliches Nomadenleben den Interessen ihrer Herren, der grofsen Herdenbesitzer, widerspricht, weil „der bewegliche Ackerbau seiner Natur nach immer die Tendenz hat, der Jagd oder Weide mehr oder weniger Terrain zu entziehen“ [1].

Die untergeordneten socialen Gruppen werden also zuerst durch den Druck des höher differenzierten und fortgeschrittenen Nomadenvolkes auf die Stufe des festen Ackerbaues und sefshafter Ansiedlung erhoben.

Bezüglich des Überganges der freien in Sippschaften vereinigten Nomadenstämme zur festen Ansiedlung läfst sich mit Hildebrand sagen: „Der Übergang zum Ackerbau bedeutet demnach nichts weniger als eine Emancipation der Ärmeren von den Reicheren. Er bedeutet das gerade Gegenteil davon [2].“

Falls innerhalb der untergeordneten Gemeinschaften die vaterrechtliche Sippenverfassung mit ihrer „Allmacht des Vaters“ vorherrscht, so sucht die herrschende Klasse diese Allgewalt des Dorf-Vaters zu untergraben. Sie wirkt daher nivellierend und ausgleichend auf die innere Gestaltung der Rechtsverhältnisse der vaterrechtlichen Sippe ein, indem sie dem Vater das unumschränkte Herrschafts- und Eigentumsrecht nimmt und somit die Gleichberechtigung innerhalb der Sippengenossen fördert.

Sie sucht aber zu gleicher Zeit die Mitglieder der Sippe vollständig in ihre Gewalt zu bringen. Gelingt den herrschenden Klassen dieses Bestreben nicht, können die untergeordneten Stämme, begünstigt durch natürliche und politische Verhältnisse, ihre relative Unabhängigkeit aufrecht erhalten, so entsteht die relativ freie Markgenossenschaft, die mit dem Herrn unterhandelt und volles Verfügungsrecht über ihr Grundeigentum behält, mitunter auch neue Ansiedlungen — Filialdörfer — anlegt.

Diese Markgenossenschaft behält sämtliche charakteristischen Eigentümlichkeiten der Sippenverfassung bei, mit der wesentlichen Modifikation allerdings, dafs, wie erwähnt, die Allmacht des Vaters abgeschwächt, die Selbständigkeit der

[1] Hildebrand a. a. O. S. 92.
[2] Hildebrand. S. 91.

übrigen Mitglieder gestärkt wird. Die Markgenossenschaft wird eine eigenartige Entwicklungsstufe der Grofsfamilie sein, beeinflufst und vielleicht beschleunigt durch die staatliche Macht des herrschenden Stammes.

Ist die Macht der untergeordneten Stämme noch stärker, haben die Sieger keine genügenden Machtmittel, um die freie Gemeinde in gröfsere Abhängigkeit zu bringen, so behält sogar die Grofsfamilie ihre frühere Rechtsverfassung bei. Der Vater bleibt Alleinherrscher im Dorfe und eigentlicher Eigentümer des ganzen Bodenareals, wie auch der beweglichen Güter.

Die Wirkung der grundherrschaftlichen Macht äufsert sich aber auch in diesem Falle zerlegend auf die patriarchalische Familie.

Das Dreifelderwirtschaftssystem, das nach Laveleye-Bücher zuerst auf dem herrschaftlichen Gut sich entwickelte, ruft, vereint mit der beständig wachsenden Bevölkerungszahl, eine Spaltung der Grofsfamilie hervor. Das Dorf, das zuerst aus einem Hofe, d. h. aus einer Hausgenossenschaft bestand. zerfällt nunmehr in zwei, drei und mehr Höfe, überall indes den Typus der Grofsfamilie, wenn auch in kleinerem Umfange, bewahrend.

Es bilden sich also in der Periode des Überganges vom Nomadentum zum Ackerbau zwei Typen des Gemeindeeigentums, die eigentliche Markgenossenschaft mit ihrer annähernden Gleichstellung der Dorfgenossen, mit Flurzwang und periodischer Verteilung des Feldareals, und die vaterrechtliche, auf der Macht des Vaters basierende Grofsfamilie, die eine Zeit lang die Tendenz zur Ausbildung von freiem bäuerlichen Privateigentum zeigt[1].

Aber auch die socialen und Rechtsverhältnisse der untergeordneten Gemeinschaften bleiben nicht ohne Rückwirkung auf das Leben ihrer Sieger.

Schon in der Periode des Nomadentums hatte der reichere Adel Knechte und Sklaven, die zum Teil auch den nomadischen Ackerbau betreiben. Die Sklaven bleiben aber Nomaden und folgen den Herdenbesitzern auf ihrer Wanderung von Ort zu Ort. Entsteht aber feste Ansiedlung der halbfreien

---

[1] A. Jefimenko schildert uns diese vaterrechtliche Verfassung, die in Nordrufsland in der Nowogoroder Periode (XII.—XV. Jahrhundert) noch vorkommt, in einer Reihe von Artikeln, die in der Zeitschrift: „Russkaja Misl“ (1882. 1883) erschienen sind. Auch v. Keufsler unterscheidet zwei Typen des russischen bäuerlichen Besitzes: das persönliche Eigentum — wotschinoi wladjenie — und Gesamteigentum. Wotschinoi wladjenie würde aber vaterrechtlicher Besitz bedeuten. Hierin sind eben beide Formen der Dorfgenossenschaftsverfassung gegeben. (v. Keufsler a. a. O. I. S. 38—103.)

Stämme, so wirkt diese zurück auf die Lage der Sklaven und Knechte, und auch diese werden sefshaft. Es entsteht also die Ansiedlung als ein fester Kern eines schon weniger beweglichen Staatsgebildes. Die bis dahin nomadisierenden Herrscher werden ihrerseits an die Scholle ihrer Sklaven und tributpflichtigen Gemeinden gefesselt. Sie können noch so grofse Gelüste nach dem freien herrlichen Nomadenleben hegen, ihre Herrschaft über die fest angesiedelten Ackerbauer macht sie ihrerseits von denselben abhängig. Sie werden immer enger mit dem Ackerbau und der sefshaften Bevölkerung verknüpft und bleiben schliefslich nolens volens auf ihren Ländereien sitzen.

Wir dürfen aber gleichzeitig nicht vergessen, dafs aufser den mächtigen Herren noch die persönlich freien aber verarmten Söhne des herrschenden Stammes vorhanden sind, die mit allen Mitteln ihre Freiheit zu behalten streben.

Ein Teil von ihnen, der noch über einen kleinen Bodenbesitz mit einer kleinen Anzahl von Sklaven verfügt, bewahrt seine Unabhängigkeit wenigstens auf eine kürzere oder längere Zeit und bildet dadurch einen Stand von unabhängigen freien Bauern, kleineren Gutsbesitzern (Bifange).

„Gleichwohl ist sicher, — meint Meitzen — dafs, wenn die verarmten Familien der Hirtenvölker brauchbares Land finden, zu dessen fester Besiedlung sie sich entschliefsen, und von wo sie nicht ferngehalten oder vertrieben werden können, sie dadurch ihre Unabhängigkeit von den reichen Herdenbesitzern zu begründen vermögen [1]."

Auf diese Weise entstehen, und zwar durch keine bewufsten Verabredungen und Kompromisse der verschiedenen beteiligten Parteien, geschweige denn durch willkürliche Verfügungen der Regierungen, sondern durch die natürliche Wechselwirkung der verschiedenen „ethnischen Elemente" auf einander drei Arten von Grundeigentum:

1. der grundherrschaftliche Besitz, dessen Liegenschaften durch Sklaven bestellt werden,
2. der unabhängige individuelle Besitz der freien Bauern,
3. der halbfreie Besitz der untergeordneten Gemeinden.

Mit der Entstehung dieser verschiedenen Formen des Grundbesitzes entsteht derjenige Kampf der Klassen und Völkerschaften um den Boden, der sich in der beständigen Veränderung des Besitzumfanges und der Besitzform fortwährend abspiegelt.

---

[1] August Meitzen a. a. O. S. 138. In Rufsland sind die sogenannten „Tschetwertnye-Bauern" adliger Abstammung. Ihre Ahnen waren Dienstmannen der Moskauer Zaren. Vergl. Symkhowitsch, Die Feldgemeinschaft in Rufsland. (Jena 1898.) S. 29.

Dieser Kampf der verschiedenen Gesellschaftsschichten um den Boden giebt den Anstofs zur Entstehung neuer Bestellungsformen des Bodens, neuer Kulturgewächse, und mit ihnen auch — neuer Befriedigungsformen der menschlichen Existenzbedürfnisse —[1].

[1] Die Frage über die Entstehung des Grundeigentums und den Gang seiner Entwicklung behandle ich eingehend in einer speciellen Abhandlung, die demnächst erscheinen wird.

IV. Die sociale Notwendigkeit der Bedürfnisentwicklung.

1.

Die sociale Differenzierung der Gesellschaft.

Die Arbeitsteilung geht innerhalb jeder Gesellschaft sowohl auf den höchsten wie auch allerniedersten Stufen der menschlichen Kultur nicht direkt aus wirtschaftlichen Absichten und Nützlichkeitsbetrachtungen hervor. „Die sociale Arbeitsteilung, — meint Schmoller mit Recht — ist als ein einheitlicher, grofser, gesellschaftlich-historischer Prozefs aufzufassen, der niemals ganz ruht, oft aber für Jahrzehnte und Jahrhunderte doch in gewissen Formen der Einrichtungen zum Stillstand kommt[1].“ Die wirtschaftliche Arbeitsteilung und die Differenzierung der socialen Machtverhältnisse sind zwei Seiten eines und desselben gleichzeitig vor sich gehenden gesellschaftlichen Prozesses. Und der Ursprung dieses Prozesses reicht bis zum Anfange des gesellschaftlichen Daseins des Menschen[2].

Schon innerhalb der primitiven, auch der mutterrechtlichen Gentes, Sippen, Stämme etc. sind gewisse, von der Natur gegebene Unterschiede in Alter, Geschlecht, physischen und geistigen Anlagen der Mitglieder der Gesellschaft unvermeidlich. Da das Streben nach socialer Macht allen Mitgliedern in gleichem Mafse innewohnt, die physisch und geistig besser Veranlagten aber viel leichter eine höhere Stellung sich erringen können, andererseits die schwächeren Elemente selbst zu ihrer Entwicklung der Leitung und Stütze der stärkeren unbedingt bedürfen, daher sich auch vertrauensvoll ihrer Führung unterwerfen, so entsteht schon innerhalb der Urgesellschaft eine gewisse Art Differenzierung der Gesellschaft, wiewohl dieselbe nicht so ausgeprägt wie in den späteren Stadien der Entwicklung ausfallen möge. Diese Machtteilung bedeutet

---

[1] G. Schmoller, Die Thatsachen der Arbeitsteilung im Jahrb. für Gesetzgebg, Verw. etc. XIII. Jahrg., Heft III. S. 58.

[2] Vergl. auch F. A. Lange a. a. O. Kap. I.

aber zu gleicher Zeit auch Berufsteilung und Arbeitsteilung, da die entsprechende Machtstellung mit angemessener wirtschaftlicher Stellung eng verknüpft ist. „Fast in allen primitiven Stämmen ist die Verteilung der Arbeit unter beide Geschlechter eine durch die Sitte fest geregelte, wobei keineswegs die verschiedene natürliche Veranlagung allein mafsgebend gewesen zu sein scheint. Wenigstens läfst sich nicht behaupten, dafs dem schwächeren Geschlecht überall der leichtere Teil der Arbeit zugefallen wäre[1]." Und das ist ja selbstverständlich, denn zugleich mit der socialen Macht, die dem stärkeren Teil der Gesellschaft zu teil wird, fällt ihm auch der wirtschaftliche Vorteil zu, der darin besteht, dafs eben die feineren, angenehmeren, vornehmeren wirtschaftlichen Funktionen das Monopol der Bevorzugten bilden[2]. Wie weit die Abgrenzung der Macht- und Wirtschaftssphären verschiedener Gruppen schon innerhalb der primitiven Gentes ging, ist schwer festzustellen. Zweifellos bildeten sich schon in den primitivsten Stämmen das Häuptlingswesen und das Priestertum aus, wenn auch ihre Funktionen noch keine festen, von bestimmten Klassen monopolisierten socialen und wirtschaftlichen Vorrechte in sich schlossen. Erst mit der Ausbildung der priesterlichen und kriegerischen Berufsklassen ist die erste dauerhafte Grundlage für die sociale und wirtschaftliche Differenzierung der Gesellschaft gegeben. Social zerfiel jetzt die Gesellschaft in einige geistig thätige aristokratische Schichten einerseits, und das gemeine Volk andererseits[3]. Wie sich dieser primitive Adel ausgebildet hat, ist wiederum nicht festgestellt. Möglicherweise entstand die Differenzierung der Gesellschaft in Adel und Volk durch die Unterjochung eines Stammes durch den anderen. Es ist aber in keinem Falle ausgeschlossen, dafs auch die primitiven Stämme spontan, durch die allmähliche Konzentrierung der Macht in den Händen der physisch und geistig begabteren Führer im Kriege und Priester, eine sociale Differenzierung zustande brachten. „Historisch trifft das Aufkommen besonderer Priester, Häuptlinge und Krieger meist zeitlich nahe zusammen. Doch hat die Ent-

---

[1] K. Bücher a. a. O. S. 36 ff. Derselbe findet, dafs die meisten neueren Definitionen der Arbeitsteilung das Kausative in dem Verbum teilen übersehen haben und an Stelle des Vorganges der Teilung den Zustand des Geteiltseins setzen. „Schmoller z. B. — meint Bücher — versteht unter Arbeitsteilung „die dauernde individuelle Anpassung an eine specialisierte Lebensaufgabe", schiebt also der Teilung unter, was erst ihre Folge sein kann." (A. a. O. S. 285.) Dies trifft entschieden nicht zu. Bücher selbst übersieht das Kausative in dem Worte Anpassung, was ein aktives Streben nach einer socialen Machtstellung bedeutet und keineswegs eine Folge der Arbeitsteilung ist.

[2] Vergl. auch Hildebrand a. a. O. S. 3—4 ff. E. Grofse a. a. O. S. 45—48. Ratzel a. a. O. II. S. 675.

[3] Vergl. Gumplowicz a. a. O. S. 73—74.

stehung des Priestertums eine besondere Ursache[1]. Bei der Entstehung der Priesterkaste spielten hauptsächlich geistige und religiöse Momente eine Rolle. „Thatsache ist[2], dafs die religiösen Bedürfnisse immer und überall, früher oder später, einen Priesterstand hervorrufen, der sich als Stand für sich zu erhalten und seine Macht zu vergröfsern bestrebt ist." Die sociale Macht des primitiven Priestertums, wie auch die der Krieger nimmt allmählich eine festere Form an, aber immer bleibt sie, wie schon früher bemerkt, ein reciprokes Abhängigkeitsverhältnis, in welchem allerdings der Grad der Abhängigkeit keinesfalls gleichmäfsig verteilt ist. In der socialen Macht als solcher äufsert sich die allgemein anerkannte Autorität und Herrschaft dieser adeligen Klassen; sie wird bedingt durch die Achtung, Bewunderung, Ehrfurcht und Furcht, die diese höheren Klassen in der übrigen Bevölkerung zu erwecken und zu erhalten wissen[3]. Zu gleicher Zeit aber ist diese sociale Macht auch eine wirtschaftliche, und als solche giebt sie diesen höheren Ständen einen relativ hohen wirtschaftlichen Wohlstand. Aber auch in wirtschaftlicher Beziehung würde die wirtschaftliche Abhängigkeit der niederen Stände von den privilegierten in keinem Falle als einfache Ausbeutung einiger Klassen durch die anderen zu bezeichnen sein, denn auch hier ist die Abhängigkeit, wenn auch keine gleichmäfsige, dennoch wiederum eine gegenseitige, da auch die Funktionen der Priester und Krieger unter allen Umständen als wirtschaftliche Verrichtungen, als ökonomische Funktionen auftreten und einen Teil der gesellschaftlichen Arbeit bilden. Der Begriff Berufsklassen drückt eben beide Momente aus. In socialer Beziehung bilden diese oder jene gesellschaftlichen Gruppen eine Klasse, im wirtschaftlichen Sinne einen Beruf, oder eine gewisse Summe von dieser Klasse eigentümlichen Berufen[4].

In wirtschaftlicher Beziehung hat das Aufkommen der priesterlichen und kriegerischen Berufsklassen mit der scharfen Abgrenzung ihres Berufes und der scharfen Ausprägung ihrer eigenartigen wirtschaftlichen Stellung ein für die ganze sociale Entwicklung wichtiges Ergebnis, das in der Befriedigung des vornehmen Konsums durch die niedere Arbeit besteht. In der primitiven Gens oder dem Stamm haben wir auch eine Teilung der Arbeit und eine entsprechende

[1] G. Schmoller a. a. O. S. 74 ff. Vergl. L. Morgan a. a. O. S. 52—74; auch Spencer, Sociologie. Bd. III. §§ 326, 328 ff. §§ 330—335.

[2] G. Schmoller a. a. O. S. 68 ff. Vergl. A. Smith, Wealth of Nations. Basel 1790. Vol. III, Book V, Cap. v. P. 338—347.

[3] Vergl. Gumplowicz a. a. O. S. 110 ff. Vergl. auch Schmoller, Grundrifs etc. S. 326 ff.

[4] Vergl. K. Bücher a. a. O. S. 296. Näheres über die kulturhistorische Bedeutung des Priestertums vergl. Felix a. a. O. III, Abt. II und III. G. Tarde a. a. O. VII, 2 auch XI, 2. Knies, Die polit. Ökonomie vom geschichtlichen Standp. 1883. II. S. 111—128.

Teilung der Konsumtion. Aber die vornehme Konsumtion bleibt mit der vornehmen Thätigkeit, als Ursache und Folge, verbunden. Der Jäger mag z. B. seine Jagd als eine vornehme Thätigkeit ansehen, daher auch das Produkt der Jagd als einen schätzbaren Gegenstand des vornehmen Konsums betrachten und wenn möglich die schwächeren Elemente seiner Gemeinschaft von der Beteiligung an dem Verbrauch dieses Produktes ausschliefsen; die Jagdbeute mag ursprünglich als „Herrenessen“ gegolten haben, niemals aber würde der Jäger das Produkt der niederen Elemente als ein vornehmes betrachten, wenn er auch an dessen Verbrauch sich öfters beteiligt. Es würde daher innerhalb der primitiven Gemeinde eine Doppelwirtschaft existieren, die Frauen- und die Männerwirtschaft. In diesem Falle sind die Arbeiten zugleich mit der ihnen entsprechenden Konsumtion der verschiedenen Gesellschaftsschichten von einander getrennt[1].

Eine wesentliche Änderung in den Arbeitsverhältnissen der verschiedenen Kreise der Gesellschaft, wie auch in dem Charakter der zum Gebrauche der höheren Stände dienenden Wirtschaftsobjekte, tritt mit der Ausbildung schärferer Abhängigkeitsverhältnisse innerhalb der Gesellschaft, besonders mit der Entstehung der Sklaverei ein. Jetzt begnügen sich die herrschenden Klassen nicht mehr damit, dafs sie für sich höhere, vornehmere Erwerbszweige in Anspruch nehmen, sondern sie benutzen die Erwerbsthätigkeit der ihnen untergeordneten gesellschaftlichen Elemente zur Befriedigung sowohl ihrer unentbehrlichen, wie auch ihrer Luxusbedürfnisse. Die höheren Stände mögen ihrerseits durch ihre leitende und ordnende sociale und rechtliche Thätigkeit, durch ihre geistige und künstlerische Beschäftigung den untergeordneten Klassen immerhin einen kulturellen und wirtschaftlichen Vorteil bringen, zur Befriedigung ihrer Bedürfnisse, und zwar des wichtigsten Bestandteiles ihres Konsums, sind sie doch auf die Arbeitsprodukte sowohl ihrer Sklaven, wie auch der ärmeren freien Bevölkerung angewiesen. Dadurch erst entsteht die eigentümliche Äufserungsform des Geltungstriebes, in der aristokratischen Befriedigungsweise, die sich öfters darin äufsert, möglichst viel Arbeit zu verbrauchen. Früher hat die Qualität der Arbeit die Qualität des Produktes bestimmt: die vornehme Arbeit, die Arbeit der Auserwählten macht das Produkt derselben vornehm. Jetzt aber würde die Arbeit an sich, da sie niederer Abkunft ist, nicht das Gebrauchsprodukt der Vornehmen veredeln, es mufs ein anderes Moment hinzukommen: die Quantität, welche als Zeugnis der Macht und Stärke des Verbrauchers dem Gebrauchsgegenstand eine vornehme Gestalt giebt. Je seltener ein Objekt vorkommt, ein je gröfseres Arbeitsquantum zu seiner

---

[2] Vergl. Lippert a. a. O. II, S. 43–49.

Herstellung nötig ist, um so vornehmer ist das Gebrauchsmittel. Das giebt den Anstoſs zur Hervorbringung immer neuerer, seltenerer und ausgesuchterer Gebrauchsobjekte, wie schon früher geschildert wurde. Dies ist jedoch noch nicht die Hauptsache. Es tritt noch ein Moment hinzu, das den ganzen Charakter der gesellschaftlichen Wirtschaft von Grund aus ändert. Mit dem Augenblick nämlich, in welchem die sociale und ökonomische Differenzierung der Gesellschaft feste, streng ausgeprägte Formen annimmt, mit dem Moment der Ausbildung der höheren herrschenden Berufs k l a s s e n, wodurch die niederen Klassen auch in eine wirtschaftliche Abhängigkeit von den höheren geraten, entsteht eine neue Form der Not, die sogenannte relative Not, oder die Armut, um mit Fourier zu sprechen, die aus dem Überfluſs entspringt. Allerdings sehen manche Ideologen in diesem Umstand das gröſste Übel für die Menschheit, während in Wirklichkeit die menschliche Gesellschaft nur diesem Umstande allein sowohl ihren materiellen, wie ihren geistigen Fortschritt verdankt. Denn dadurch, daſs der gesellschaftliche Überfluſs Not erzeugt, wird ja die A u f h e b u n g desselben e i n e s o c i a l e N o t w e n d i g k e i t. Diese Beseitigung des Überflusses ist aber nur möglich entweder durch Schaffung neuer Bedürfnisse oder durch eine gleichmäſsigere Verteilung der gesellschaftlichen Produkte, also in beiden Fällen zwingt gerade der Überfluſs die Gesellschaft dazu, neue Fortschritte auf dem Wege der socialen und rechtlichen Entwicklung zu machen.

Ein Beispiel möge das Gesagte veranschaulichen. Die Sklaverei als die ausgeprägteste und klarste wirtschaftliche Abhängigkeitsform würde für diesen Zweck wohl am besten passen. Der Sklave gehört mit seinem Leben und seiner ganzen Arbeitskraft seinem Eigentümer, seinem Herrn. Die Nützlichkeit seiner A r b e i t f ü r d e n H e r r n bildet eine Conditio sine qua non seiner Existenz. Sind die gegebenen Bedürfnisse der Herren gesättigt, so hat die dominierende Klasse keinen Nutzen mehr von einem Teil der Sklavenklasse, dieser letztere wird überflüssig, seine Existenz ist nicht mehr notwendig, er kann nicht in seiner bisherigen socialen Stellung bleiben. Dadurch wird die ganze gesellschaftliche Organisation erschüttert. Die Herren sind dann gezwungen, die in den produktiven wirtschaftlichen Zweigen Beschäftigten auf eine kleinere Zahl zu reduzieren, den Rest der Arbeiter mit irgend welchen Beschäftigungen unwirtschaftlicher Natur, mit Lakeiendiensten, mit tausend unnützen und zwecklosen Aufgaben zu betrauen, — dadurch ändert sich das Verhältnis der unproduktiven zu den produktiven Klassen, die Lage der produktiven Bevölkerung, die durch die Masse der Müſsiggänger schwer gedrückt wird, verschlechtert sich von Tag zu Tag, die Unzufriedenheit derselben wächst, und eine Revolution droht zu jeder Zeit die Grundlage der Gesellschaft umzuwälzen. Die bedrohte Gesellschaft ist gezwungen, neue Bedürfnisse zu entdecken, um die produktiven Stände zu erhalten, die Entwicklung neuer Bedürfnisse wird — zur socialen Notwendigkeit. Entwickeln sich allmählich die Bedürfnisse der herrschenden Klassen, dann wächst auch die Nützlichkeit der untergeordneten Bevölkerung, die Beziehungen der Herrschenden und Beherrschten gestalten sich immer günstiger, es herrscht relativer Friede und Eintracht innerhalb der Gesellschaft, und die Gesellschaft schreitet immer vorwärts, denn bei solchen günstigen Verhältnissen fällt es nicht schwer, auch die Lage der unteren Klassen zu verbessern und neue Bedürfnisse im ganzen Volke zu entfalten, wodurch, wie wir gesehen haben, ein wirklicher Fortschritt auf dem Gebiete des Genusses und der Arbeit entsteht.

Dieses Fortschreitenmüssen verleiht der social gegliederten Gesellschaft die höchste fortschrittliche Bedeutung — sie macht die Bedürfnisentwicklung und Vervollkommnung der Arbeit zu einer Existenzbedingung der Gesellschaft.

Aber der sociale Abstand zwischen den eigentlichen höheren und niederen Ständen, zwischen den Herren und ihren Sklaven ist viel zu grofs, um den Fortschritt zu ermöglichen. Die Lage dieser unterjochten Stände ist zu gedrückt, als dafs dieselben sich eine höhere Stellung, eine bessere Lage mit Nachdruck und Erfolg erkämpfen könnten. Erst die sich innerhalb der Gesellschaft ausbildenden mittleren Stände befördern die allmähliche Verbreitung der Produkte des Fortschritts innerhalb sämtlicher Klassen der Bevölkerung, erst sie bilden das sociale Medium, durch das die höchsten Güter der Kultur auf dem Wege der Nachahmung sich bis in die äufsersten Schichten der Gesellschaft verbreiten, erst diese Klasse, vereint mit der ganzen Bevölkerung, bildet eine Macht, die die möglichen Übergriffe der allmächtigen vornehmen Klassen verhindert, auch der allzugrofsen Konzentration der socialen wie der wirtschaftlichen Macht entgegentritt.

Der Charakter, die Lebenshaltung, die Beschäftigung dieser mittleren Stände ändert sich mit jeder Kulturperiode der geschichtlichen Entwicklung. Aber immer sind solche mittleren Stände in der Gesellschaft vorhanden. Sie bilden sich durch dieselbe sociale Differenzierung und zwar in einer aufsteigenden und absteigenden Linie. Da die sociale Macht, dank ihrem beständigen Streben zu immer gröfserer Entwicklung und Entfaltung ihrer Wirkungssphäre, und die wirtschaftliche Macht, die mit der socialen Macht aufs engste verknüpft ist, die Tendenz zu beständiger Konzentrierung in immer weniger Händen aufweisen[1], so wird ein gewisser Teil der höher-

[1] Vergl. K. Marx, Kapital I. S. 576—729. J. Lange a. a. O. Kap. I. Ludwig Woltmann, Die Darwin'sche Theorie und der Marxismus. 1899. S. 300—393.

stehenden Mitglieder der Gesellschaft immer herabsteigen und eine mittlere sociale Stellung zwischen den höheren und niedersten Klassen einnehmen. Andererseits aber würden die tüchtigsten und auserlesensten Kräfte, die in den niedersten Ständen sich befinden, ihre sociale Stellung zu erhöhen suchen; sehr oft mit Erfolg, — da ein Teil von ihnen die mittleren Stufen, ausnahmsweise auch die höheren Stufen zu ersteigen vermag. Aus diesen zwei socialen Elementen, den rückgängigen Höheren und den emporsteigenden Niederen rekrutieren sich die mittleren Klassen der Gesellschaft.

Innerhalb jeder Gesellschaft, sobald dieselbe sich in verschiedene sociale Gruppen von verschiedengradiger socialer und wirtschaftlicher Macht ausgebildet hat, entsteht und tobt beständig ein unaufhörlicher Kampf dieser socialen Gruppen um eine dominierende Stellung in der Gesellschaft. Und die mittleren Klassen suchen beständig den höheren Schichten gleichzukommen und ihnen ihre bevorzugte Stellung zu entreifsen.

Diese mittleren Gesellschaftsschichten eignen sich zuerst die Lebensweise der höheren Klassen allmählich an, und von ihnen aus verbreiten sich ebenso allmählich die vornehmen Lebensgewohnheiten, Bedürfnisse und Thätigkeitsformen bis auf die niedersten Stände der socialen Gemeinschaft herab, bis auf die untersten Massen der Bevölkerung.

Es wird mit grofser Wahrscheinlichkeit anzunehmen sein, dafs die Entheiligung mancher von der Priesterkaste für sich in Anspruch genommenen und vom Volke zuerst auch als heilig anerkannter, beseelter und unbeseelter Objekte ebenso wie ihre allmähliche Verbreitung im Volke und ihre Verwendung zu wirtschaftlichen Zwecken auf den Einflufs der Kriegerkaste und ihren Kampf mit der zuerst allmächtigen Geistlichkeit zurückzuführen ist.

Dafs die zur Herrschaft emporstrebenden mittleren Klassen es sehr wohl verstanden haben, mit dem niederen Volke sich zu vereinigen, um die Macht der herrschenden Stände zu brechen, ist eine Thatsache, die in der Geschichte oft vorgekommen ist.

So vereinigte sich zur Zeit der Revolution in Frankreich der aufkommende Bürgerstand mit dem von dem Adel und der Geistlichkeit unterdrückten Proletariat, und es gelang denselben, die Herrschaft an sich zu reifsen[1].

Ist einmal angenommen, dafs die sociale Differenzierung gleichzeitig mit der wirtschaftlichen Arbeitsteilung Hand in Hand geht, so löst sich dadurch sehr einfach das in der socialistischen Schule aufgeworfene Problem über den Ursprung

[1] Vergl. W. Sombart, Socialismus und sociale Bewegung im 19. Jahrhundert. 1901. S. 23—25.

der social-ökonomischen Abhängigkeitsverhältnisse, das zu einer erregten, mitunter auch leidenschaftlichen Polemik zwischen den verschiedenen socialistischen — und auch nicht socialistischen Gelehrten Anlafs gab. Neuerdings entbrannte dieser wissenschaftliche Streit mit neuer Kraft. Die Dogmatiker des Marxismus, die an der Lehre ihrer Meister mit allen ihren Dogmen festhalten, berufen sich auf den berühmten Grundsatz Marx' über die sociale Evolution und behaupten demgemäfs, dafs die ökonomischen bezw. die Produktions- und Tauschverhältnisse als die letzte Ursache aller rechtlichen und politischen anzusehen seien. Ihnen gegenüber weisen „die Kritiker“ auf eine Zahl unlösbarer Widersprüche hin, die dieser berühmte Satz in dieser seiner Fassung enthalte, wie auch auf die feststehende geschichtliche Thatsache, dafs in dem gesellschaftlichen Leben zu allen Zeiten eine Vielheit von Faktoren, ökonomischer und rechtlicher, materieller und geistiger Natur, die Geschicke der Menschheit lenken. Thatsächlich bedingen sich die wirtschaftlichen wie socialrechtlichen Abhängigkeitsverhältnisse gegenseitig, die einen von ihnen setzen immer die anderen voraus, daher müssen sie ja beide zu gleicher Zeit existieren, und sie laufen parallel in der menschlichen Geschichte, bis auf die Urzeit. Der Ursprung sowohl der ökonomischen wie auch der anderen socialen Faktoren fällt mit dem Ursprung der Gesellschaft zusammen. Übrigens würde diese Thatsache den Grundsatz Marx' von der socialen Evolution nicht umstofsen, leider geben die heutigen socialistischen Gelehrten, sowohl die Dogmatiker, wie die kritischen Reformer, demselben eine einseitige Fassung, was seinen wirklichen Sinn entstellt. Ich komme noch darauf zu sprechen [1].

2.

Das socialökonomische Grundgesetz.

Wir haben gesehen, dafs das sociale Gefühl, das Streben nach Macht, welches die gesellschaftliche Differenzierung in Herrschende und Beherrschte bedingt, sich innerhalb dieser differenzierten Gesellschaft in zwei entgegengesetzten Strömungen kundgiebt und die fortwährende Entstehung sowohl neuer Bedürfnisse wie auch neuer Formen der Arbeitsthätigkeit zur socialen Notwendigkeit macht. Daraus folgt, dafs die ungleiche Verteilung der wirtschaftlichen und socialen Abhängigkeitsverhältnisse, die Gliederung der Gesellschaft in Klassen und

---

[1] Vergl. Engels, Anti-Dühring. S. 149—192. Bernsteins die Voraussetzungen des Socialismus etc. S. 4—14. Kautski, Anti-Bernstein S. 7—32. Eg. Dührings kritische Grundlegung etc. S. 301—353.

Stände mit verschiedener Machtsphäre eine notwendige Bedingung der socialen Evolution ist, die Grundlage jedes entwicklungsfähigen socialökonomischen Körpers bildet.

Aber diese Grundlage jeder socialen Organisation ist nicht als etwas Gleichbleibendes und Unveränderliches aufzufassen. Im Gegenteil erscheinen diese Abhängigkeitsverhältnisse in verschiedenartigen konkreten Formen, die sich beständig und fortwährend ändern. Die Sklaverei z. B. hat verschiedene Stufen der Entwicklung durchgemacht, von der Sklaverei innerhalb der patriarchalischen Familie bis auf die des antiken römischen Staates. Sie wurde später in den europäischen Ländern durch die feudalzünftigen Abhängigkeitsverhältnisse des Mittelalters ersetzt, und in den letzten Jahrhunderten wurden diese letzteren ihrerseits allmählich durch die kapitalistische Organisation abgelöst[1].

Wie erklärt sich nun diese beständige Abwechslung der socialen Organisation?

Sie erklärt sich durch die Wirkung jeder gesellschaftlichen Organisation auf das socialökonomische Gleichgewicht.

Das socialökonomische Gleichgewicht, die Korrespondenz zwischen der gesellschaftlichen Konsumtion und gesellschaftlichen Produktion, die Anpassung der gesellschaftlichen Arbeitskraft an die vorhandenen Bedürfnisse und umgekehrt folgt ja mit natürlicher Notwendigkeit aus dem Wesen der menschlichen wirtschaftlichen Thätigkeit überhaupt, die in irgend einem Bedürfnisse ihren Grund, ihr Motiv, ihre Rechtfertigung findet. Das Streben nach socialer Macht, die fortwährende weitere Ausbildung der gesellschaftlichen Differenzierung und die Steigerung der Arbeitsproduktivität, hebt zeitweise dieses Gleichgewicht auf, um es aber bald darauf, durch Entstehung neuer Bedürfnisse, wieder herzustellen. Nun

---

[1] Ich glaube, dafs die in der Kulturgeschichte und der Socialökonomie bis jetzt angenommene Reihenfolge bezüglich der Epochen der Kulturentwicklung (Die Epoche der occupatorischen Wirtschaft, auf welche die Perioden der Jagd, der Viehzucht, des Ackerbaues etc. folgen.) dem wirklichen Verlaufe der Dinge völlig entspricht. Wir dürfen nicht vergessen, dafs bei dieser Einteilung der Kulturperioden nicht blofs das technisch-ökonomische, sondern auch das mit diesem eng verknüpfte socialrechtliche Moment mafsgebend ist, und jede dieser Perioden nicht nur durch den bestimmten Charakter des Hauptzweiges der wirtschaftlichen Thätigkeit, sondern auch durch eine bestimmte wesentlich verschiedene Verfassung des socialen Lebens sich unterscheiden läfst. (Mutterrecht, patriarchalische Familie, Staat.) Der Landbau z. B. mag wohl schon in den frühesten Perioden der Kulturgeschichte bekannt gewesen sein; als Grundlage des social-ökonomischen Lebens der Menschheit und als Grundbedingung einer ganz neuen socialen Verfassung der sefshaften Völker tritt der Ackerbau als charakteristisches Merkmal einer neuen, relativ sehr hochstehenden Kulturperiode erst nach dem Nomadentum auf. Vergl. Ed. Hahn a. a. O. S. 389—392 und Morgan S. 89—92 f. Roscher, Bd. II 3—15. Vergl. auch Stammler a. a. O. S. 34.

kommt aber jede in herrschende und beherrschte Stände geteilte Gesellschaft in ihrem Entwicklungslaufe an einen Punkt, wo das social-ökonomische Gleichgewicht aufgehoben wird und auf der Basis der bestehenden Gesellschaftsordnung nicht mehr wieder hergestellt werden kann; dann kann auch diese Gesellschaft nicht eher auf dem Wege der socialen Evolution weiter schreiten, bis sie die rechtlichen und politischen Grundlagen ihrer Organisation entsprechenderweise umgestaltet; d. h. bis sie solche neue, ungleiche Abhängigkeitsverhältnisse schafft, die das aufgehobene ökonomische Gleichgewicht wieder herstellen [1].

Das social-ökonomische Gleichgewicht wird jedesmal aufgehoben, sobald in den höheren, herrschenden Klassen die Sättigung der Bedürfnisse eintritt.

„Es wird gewöhnlich von der unbegrenzten Entwicklungsfähigkeit der menschlichen Bedürfnisse gesprochen, was doch nicht so aufzufassen ist, daſs jeder einzelne, oder wenigstens jede konkrete Gesellschaft in einem bestimmten geschichtlichen Zeitabschnitt ihre Bedürfnisse unendlich vervielfältigen und vermehren könnte; vielmehr ist die Entwicklungsfähigkeit einer Gesellschaft in einem bestimmten Zeitraum einer bestimmten, unüberschreitbaren Grenze unterworfen. Mögen die menschlichen Bedürfnisse auch als in den entferntesten Zeiträumen nicht gehemmt gedacht werden, so werden sie doch für alle gegebenen und insbesondere für die in der Wirtschaft der Menschen praktisch in Betracht kommenden Zeiträume quantitativ bestimmbar [2]."

Die Widerstände, welche einer ruhigen und lichten Empfindung (apperception) oder der Aneignung des Gegenstandes entgegentreten, werden durch die eigene, in Übung sich vermehrende Kraft überwunden. Aber diese Vermehrung hat b e s t i m m t e g e s e t z l i c h e G r e n z e n [3]. Überübung ist

---

[1] Bezüglich des social-ökonomischen Gleichgewichts vergl. Lexis a. a. O. S. 716. Roscher a. a. O. Bd. 1. § 215. S. 598. Eg. Dühring a a. O. S. 268—300.

[2] C. Menger, Grundsätze der Volkswirtschaftslehre. I. Teil. S. 38. Vergl. auch Gumplowicz a. a. O. S. 159 ff.

[3] „Je weiter die Blasiertheit des Menschen für Luxusgegenstände durch die Fülle derselben fortschreitet, um so mehr treibt ihn die Langeweile zu raffinierten neuen Reizmitteln. Es entwickeln sich in ihm phantastische Kapricen, krankhafte Begierden nach dem Unerreichbaren oder Verbotenen, die zu unglaublichen Thorheiten und Verirrungen führen könnten. Alles von der Übersättigung ausgehende Genuſsstreben muſs als unsittlich angesehen werden." Lexis a. a. O. S. 695.

„Wenn das gesellschaftliche Bedürfnis für Leinwand — u n d e s h a t s e i n M a ſ s, w i e a l l e s a n d e r e — bereits durch nebenbuhlerische Leinweber gesättigt ist, wird das Produkt überflüssig, überschüssig und damit nutzlos." K. Marx, Kapital. Bd. I. 4. Aufl. S. 71. Auch Dühring, der

Überanstrengung und geschieht entweder auf Kosten anderer Organe, oder hat unmittelbare Ermüdung der geübten Muskeln, mittelbar des gesamten Organismus zur Folge, d. i. Erschöpfung der vorrätigen Kraft des Ersatzes. Hierdurch wird erklärt, dafs ursprünglich leichte und natürliche Thätigkeiten durch lange Dauer schwer, endlich unmöglich werden; dafs lusthafte Empfindungen und Thätigkeiten indifferent, ja schmerzhaft werden; wie Hunger und Durst durch Übergenufs in Übersättigung umschlagen, sexuale Begierden in Ekel, überhaupt Wille in Widerwillen[1].

Bezüglich der Sättigung der Bedürfnisse müssen zwei Probleme unterschieden werden. Die Sättigung jedes konkreten Bedürfnisses hat ihren Grund in der Abstumpfung der zur Befriedigung desselben in Bewegung gesetzten bestimmten Nerven- und Muskelpartien. So würde z. B. der Hörnerv durch fortwährendes Anhören eines und desselben musikalischen Vortrages überspannt. So kann der Magen blofs ein bestimmtes Quantum von Nahrungsobjekten aufnehmen und verdauen.

Eine andere Frage ist die, ob der menschliche Bedarf d. h. die Summe seiner Bedürfnisse eine bestimmte Grenze habe.

Auch die Befriedigung der menschlichen Bedürfnisse, d. h. der Akt des Verbrauches selbst, fordert von jedem Menschen einen bestimmten Aufwand von Energie. „Diese letztere bildet sich in jedem menschlichen Organismus durch Umsetzung der durch die Nahrung angehäuften potentiellen Energie in kinetische und pflegt sich in mannigfachen Bewegungen und Bethätigungeu des Menschen zu manifestieren. Da aber das Quantum von potentieller Energie, die der Mensch in Form der Nahrung empfängt, durch seinen Organismus

die Frage der Bedürfnissättigung eingehend bespricht, kommt zu folgendem Schlufs: „Die Konsumtion ist in einem geborenen Augenblick stets eine bestimmte Gröfse. Die Konsumtion ändert sich aber auch von Zeit zu Zeit, aber nur innerhalb gewisser übersehbarer Schranken." Dühring a. a. O. S. 268—275.

[1] Tönnies, Gemeinschaft und Gesellschaft. S. 109 ff. Faucher macht den Versuch, verschiedene Gebrauchsartikel nach dem Grade ihrer Expansivkraft zu ordnen. Dabei aber unterscheidet derselbe nicht zwischen der natürlichen Grenze eines Bedürfnisses, die in der physiologischen und psychologischen Natur des Menschen liegt, einerseits, und zwischen der socialen Expansivkraft eines Bedürfnisses, die in der social-ökonomischen Möglichkeit der Verbreitung des betreffenden Bedürfnisses in den verschiedenen Schichten des Volkes ihren Grund hat, andererseits. Diese Möglichkeit hängt zum Teil von der Kaufkraft ab; was mit der natürlichen Sättigungsgrenze garnichts zu thun hat. Es läfst sich überhaupt zwischen der Expansivfähigkeit verschiedener Gebrauchsgegenstände kein Vergleich aufstellen, da sie völlig verschiedenen Bedürfnissen zur Befriedigung dienen. Wie sollte sich die Expansivkraft der Bekleidung mit der des Bücherlesens vergleichen lassen? Vergl. Faucher a. a. O. S. 144—164.

bestimmt ist, so ist auch das Quantum aktiver Kraft durch diese natürliche Grenze festgesetzt. Aus diesem Grunde entsteht eben ein gewisser Antagonismus zwischen verschiedenen Bedürfnissen[1]."

Von diesem Gesichtspunkte aus sucht Gossen seine Gesetze der menschlichen Bedürfnisentwicklung abzuleiten[2].

Gossen stellt eine Reihe von Maximen auf, nach welchen der Mensch zu arbeiten und zu genieſsen hat, um den höchstmöglichen Genuſs in seinem Leben zu erlangen. Seine Maximen sind schon deshalb im praktischen Sinne wertlos, weil sie mehr einer idealen Gesellschaft angepaſst sind, wo die Bedürfnisse jedes einzelnen der von ihm verausgabten Arbeitsmenge entsprechen. Jede wirkliche Gesellschaft kann eine solche Harmonie zwischen der Konsumtion und der Arbeitsanwendung jedes einzelnen Mitgliedes nicht aufweisen, vielmehr ist die Konsumtion und die Arbeit sehr verschieden verteilt, und sie kongruieren fast niemals. Sein Grundgedanke verdient dennoch insofern Beachtung, als derselbe einen Versuch darstellt, die Sättigung der einzelnen konkreten Bedürfnisse einerseits, und die des Gesamtbedarfs andererseits zur Grundlage einer Theorie der Bedürfnisentwicklung zu machen. Gossen geht von folgenden Voraussetzungen aus: Erstens, daſs jeder Genuſs mit der Dauer desselben, oder der Vermehrung der Menge des verwendeten Genuſsmittels in irgend einem Verhältnisse abnehme, bis volle Sättigung eintrete; zweitens, daſs die menschliche Zeit zu beschränkt ist, um alle erreichbaren Genüsse vollständig auszunützen; daher kommt er zu dem Schluſs, daſs der menschliche Bedarf eine bestimmte Grenze nicht überschreiten könne, was, wie es scheint, auch der Wirklichkeit entspricht.

Dieser Auffassung tritt auch Lexis bei, mit der allerdings höchst wichtigen Modifikation, daſs er die Frage der Bedürfnissättigung nicht vom individuellen, sondern vom gesellschaftlichen Standpunkte aus zu beantworten sucht.

„Sucht das Individuum, — meinte auch Lexis[3] — seine Genüsse zu vermannigfaltigen, so thun sich die zu konsumierenden Güter quantitativ gegenseitig Abbruch, und der ganze mögliche Konsumtionskomplex eines Individuums bleibt daher trotz aller Mannigfaltigkeit und trotz des Wechsels seiner Bestandteile ebenfalls notwendig in gewissen Grenzen, wenigstens soweit noch von eigentlicher Konsumtion, mit der die Befriedigung eines, wenn auch noch so leis empfundenen, Wunsches verbunden ist, — die Rede sein kann. Was der Mensch über

---

[1] Skworzoff a. a. O. S. 414 ff.

[2] Entwicklung der Gesetze des menschlichen Verkehrs. Neue Aufl. Berlin 1889. Besonders S. 4, 5. S. 10—12 ff. S. 80 ff.

[3] A. a. O. S. 689 ff.

die natürliche Maximalquantität der mannigfaltigen einzelnen Güter seines Konsumtionskomplexes hinaus noch verdirbt und vernichtet, ist nicht mehr zweckmäfsig konsumiert, sondern nur physisch zerstört worden.

Die obere Grenze der gesamten Konsumtionsfähigkeit liegt natürlich bei den verschiedenen Individuen in sehr verschiedener Höhe."

Lexis sucht nun zwischen der Bedürfnissättigung einzelner Individuen und der ganzen Gesellschaft zu unterscheiden. Auf die ganze Gesellschaft diese Frage anwendend, meint Lexis, dafs nur wenige Menschen innerhalb jeder Gesellschaftsorganisation diese Sättigungsgrenze erreichen, dagegen, wenn es sich um die Konsumtion des ganzen Volkes handelt, sei sie als praktisch unbegrenzt zu betrachten.

„Und weil diese Grenze gewöhnlich nur von wenigen in privilegierter socialer Stellung sich befindenden Klassen erreicht wird, sei von praktisch gröfserer Bedeutung als die obere Grenze der Konsumtionsfähigkeit eben die untere Grenze des Konsumtionsbedarfs, das Minimum von Konsumtionsmitteln, welches der Mensch braucht, um noch eben in einer mit dem gegebenen Gesellschaftszustande verträglichen Weise sein Leben zu fristen."

Dies wäre allerdings richtig, wenn die obere und untere Grenze der socialen Konsumtion in keinem innigen Zusammenhange ständen. Thatsächlich ist es aber nicht der Fall. Die Erreichung resp. die Überschreitung der Grenze der natürlichen Konsumtionsfähigkeit innerhalb der höheren Klassen, die Sättigung und Übersättigung der Bedürfnisse, welche mitunter — infolge des produktiven Fortschrittes — in den höheren „Regionen" eintreten könnte, bleibt nicht ohne natürliche Rückwirkung auf die untere Grenze, auf den Wohlstand der produktiven Bevölkerung, in erster Reihe aber auf die sociale Lage der für die Befriedigung der höheren Kreise arbeitenden Bevölkerung; diese letztere wird, zum Teil wenigstens, brotlos, und ihre sociale Existenzberechtigung wird erschüttert. Der Überflufs in den höheren Kreisen erzeugt den Mangel in den unteren Schichten der Gesellschaft. Die Sättigung der Bedürfnisse ist daher ein sehr wichtiges Moment in der Volkswirtschaft, welches eine besondere Beachtung verdient. Diese Übersättigung der Bedürfnisse in den höheren Kreisen ist aber vom Standpunkte der ganzen Gesellschaft aus eine relative Sättigung, nicht nur, weil in derselben Zeit, wo die Gesellschaft scheinbar an Überproduktion leidet, thatsächlich der gröfste Teil der Bevölkerung Raum genug hat für die Entwicklung seiner Bedürfnisse, sondern auch deshalb, weil gerade diese Sättigung der Bedürfnisse der bevorzugten Stände einen Teil der Bevölkerung arbeits- und brotlos macht, also die Möglichkeit der Befriedigung der allernötigsten Bedürfnisse wegnimmt — oder mit anderen Worten, die relative Sättigung der Bedürfnisse erzeugt eine relative Übervölkerung. Diese Art Übervölkerung ist keine Folge der absoluten Vermehrung der Bevölkerung, sondern eine Folge des Überflusses innerhalb der höheren Klassen, welcher gerade durch die erhöhte Produktivität der Arbeit hervorgerufen wurde.

Es läfst sich gegen die Lehre von der Sättigung der Bedürfnisse folgendes einwenden.

Erstens, dafs blofs jedes konkrete Bedürfnis eine bestimmte Entwicklungsgrenze hat, was aber die Vervielfältigung, die Vermehrung der Bedürfnisse im allgemeinen nicht aufhält. Die Vervielfältigung der Bedürfnisse beruht ja eben auf dem Princip der Abwechslung der Genüsse, durch welche eben die succesive Erholung der verschiedenen Nerven- und Muskelpartien, die durch die verschiedenen Bedürfnisse in Anspruch genommen werden, erreicht wird. So kann der Mensch eine und dieselbe, wenn auch noch so reizende Melodie nicht fortwährend anhören, ohne einen Überdrufs zu fühlen, aber eine Variation verschiedener Melodien läfst sich doch eine viel längere Zeit anhören. „Es ist eine unbestreitbare Thatsache, dafs der Geist, übersättigt von Genüssen der Kunst und des verfeinerten geselligen Verkehrs, eine neue Quelle der Freuden im Verkehr mit der Natur findet, zumal bei einer von gelinden Anstrengungen gewürzten Gebirgsreise, auf der Jagd oder im nervenstärkenden Seebad[1].“ Und so kann der Mensch durch eine entsprechende Abwechslung der Genüsse die Genufsfähigkeit ungemein steigern.

Zweitens aber ist nicht zu vergessen, dafs die Menge Energie, die der Konsum, der Genufs selbst erheischt, verhältnismäfsig sehr klein ist, wenn man das Arbeitsquantum in Betracht zieht, das notwendig ist, um alle diese Gegenstände des Genusses herzustellen. Die Anstrengung des Essens fällt ja kaum ins Gewicht im Vergleich zu der grofsen Menge Arbeit, die die Herstellung der Nahrungsmittel verschlingt. Der Energieverbrauch der Zuschauer einer dramatischen Vorstellung ist ja relativ sehr winzig im Vergleich zu dem Kraftaufwand, welchen die Aufführung dieses Dramas verlangt etc.

Dies alles ist richtig, und nichtsdestoweniger hat doch die Genufsfähigkeit des Menschen eine bestimmte, unüberschreitbare Grenze. Daher würde unter bestimmten Umsänden in den höheren Gesellschaftskreisen, deren Mitgliederzahl relativ eine kleine ist, früher oder später eine totale Sättigung der Bedürfnisse eintreten müssen, so dafs für jede bestimmte Gesellschaft, während eines bestimmten Zeitraumes, eine obere Grenze der Genufsfähigkeit gegeben ist, die sie nicht überschreiten kann. Zur Erreichung dieser Grenze

[1] Fr. A. Lange, Die Arbeiterfrage. S. 123.

tragen einige psychologische Momente, wie auch ein social-ökonomisches Moment sehr viel bei.

Zu den psychologischen Ursachen der Bedürfnissättigung gehört zuerst das Weber-Fechner'sche psychologische Grundgesetz, infolgedessen die Empfindungen nicht in gleichem Maſse wachsen, wie die sie veranlassenden Reize. Daraus folgt, daſs zur Erlangung eines und desselben Stärkegrades eines Lustgefühls, bei fortwährender Vermehrung der Objekte, die zu seiner Befriedigung dienen, immer stärkere Reize angewendet werden müssen[1]. Diese verstärkten Reize werden aber immer mehr die Empfänglichkeit der betreffenden Nerven abstumpfen und schlieſslich überhaupt aufheben müssen. Und nicht nur einzelne Empfindungen, sondern auch die Genuſsfähigkeit überhaupt jedes Menschen vermindert sich mit der Anhäufung der Genüsse, die er ausgekostet hat. Dazu kommt das allgemeine Beziehungsgesetz, das, zum Teil, auf dem angeführten Weber-Fechner'schen Gesetz beruht. Unsere Empfindungen werden durch Kontrastwirkungen bestimmt. Das Unglück läſst uns erst das Glück fühlen, die Entbehrungen erhöhen den Wert des Genusses. Ein Glück, welches auf Glück folgt, wird nicht mehr so stark empfunden, ebenso wie Genüsse, die auf Genüsse folgen, mögen diese auch anderer Art sein, einen Teil ihrer Stärke und Intensivität einbüſsen. „Ebensowenig wie ein Mensch es vermag, fortwährend süſse Speisen zu genieſsen, ebensowenig vermag er, fortwährend Freude und Glück zu genieſsen. Wer Süſsigkeiten über Gebühr genieſst, bei dem macht sich von selbst die Kontrastwirkung des Überdrusses geltend. Man wundert sich so oft, daſs steinreiche Engländer, denen das Leben nichts versagt hat, so häufig den Spleen bekommen und sich totschieſsen, aber mit Unrecht, denn

„Nichts ist schwerer zu ertragen,
Als eine Reihe von schönen Tagen[2]!"

Anderseits kommt auch die Wirkung der socialen Macht hinzu, die sich notwendigerweise konzentrieren muſs. Denn das Streben, sich von anderen abzusondern, sich über andere zu erheben, aus der Reihe seiner gleichgestellten Nebenmenschen herauszukommen, wirkt auch innerhalb der höheren Kreise und differenziert auch diese immerfort, sodaſs schlieſslich die höchste sociale Macht in immer engeren und engeren Kreisen sich zu konzentrieren sucht. Da jede sociale Macht zu gleicher Zeit auch eine wirtschaftliche Macht bedeutet, so bedeutet die

---

[1] Die Weber-Fechner'sche Formel, mathematisch ausgedrückt, lautet: $y = \log. x$, wo x den veranlassenden Reiz bedeutet und angiebt, daſs die Empfindung y wie der Logarithmus des Reizes wachse. Vergl. Wundt, Vorlesungen über die Menschen- und Tierseele. Leipzig 1863. Bd. I. S. 108 u. ff.

[2] Fr. A. Lange a. a. O. S. 117.

Konzentrierung der socialen Herrschaft auch die Konzentrierung der wirtschaftlichen Vorteile, des Reichtums, des Besitzes; damit entsteht aber die Notwendigkeit, immer mehr Güter für den Gebrauch der herrschaftlichen Klassen zu erzeugen, bis schliefslich ein Höhepunkt des Verbrauchs erreicht wird, der die Grenze der Genufsfähigkeit bildet und nicht mehr überschritten werden kann.

Friedrich Alb. Lange, der mit der Möglichkeit der Macht- und Besitzkonzentration rechnet und auch die Sättigung der Bedürfnisse im psychologischen Sinne zugiebt[1], bestreitet dennoch die Sättigungstheorie und vertritt dagegen die Ansicht, dafs die menschlichen Bedürfnisse unersättlich seien.

„Denn es ist keine Masse von Arbeitskraft der Maschinen und Personen denkbar, welche nicht die Unersättlichkeit eines einzelnen Menschen, geschweige denn einer bevorzugten Klasse, zur Erfüllung persönlicher Wünsche in Bewegung setzen könnte, sobald die Mittel zur Verfügung stehen, sich dieselben dienstbar zu machen[2].“ Zur Begründung seiner Ansicht beruft er sich auf die, auch von uns schon angeführte Thatsache, dafs das Wesen des Luxus in Vergeudung der Arbeit liegt, daher sei es auch unmöglich, irgend welche Grenze dieser Vergeudung festzusetzen. Aber Lange scheint eben den Kreislauf der wirtschaftlichen, produktiven und konsumtiven Kräfte übersehen zu haben. Der Luxus an sich ist nur dann als ein progressiver Faktor zu betrachten, wenn er den Anstofs zur Entwicklung wirklicher Bedürfnisse, zur Entstehung neuer, resp. zur Erhöhung der Produktivkraft schon vorhandener Erwerbszweige giebt, wenn also auf die durch den Luxus erzeugten socialen Bedürfnisse eine Demokratisierung und Verbreitung derselben im ganzen Volke folgt, wodurch erst das neue Bedürfnis zum wirklichen Bedürfnisse, die diesem Bedürfnisse entsprechende, Objekte erzeugende Thätigkeit zu einem volkswirtschaftlichen Erwerbszweig wird. Ist die Sättigungsgrenze in den höheren Kreisen erreicht, so entstehen keine eigentlichen Bedürfnisse mehr, sondern es dominiert das einzige Bedürfnis, immer noch mehr Arbeit zu vergeuden, wodurch jede Erhöhung der Produktivität sinnlos wird, da es nicht mehr auf das Quantum der erzielten Objekte, sondern auf das Quantum der Arbeit selbst ankommt, welches verzehrt werden soll. In den produktiven Klassen entsteht daher eine immer gröfsere Zahl von überschüssigen Arbeitskräften,

[1] So bemerkt derselbe, dafs auch die Dienerschaft ihre natürliche Grenze habe. „Bei der Dienerschaft dürfte es sogar auch eine Grenze geben, jenseits welcher die Vermehrung überhaupt nur noch dem Prunk und Ehrgeiz dient, ohne dafs der Hausherr auch nur in einem Punkte besser bedient ist, als wenn er weniger Hände zur Verfügung hat.“ Die Arbeiterfrage. S. 131.

[2] A. a. O. S. 106—107.

die immer mehr aus den produktiven Erwerbszweigen in eine unproduktive Wirkungssphäre übersiedeln müssen. Es tritt die dritte Periode des Luxus ein, die Roscher als den Luxus der verfallenden Nationen bezeichnet[1].

Ein typisches Beispiel einer solchen Verfallsperiode liefert uns das antike römische Kaiserreich.

Die höheren Stände sind zwar in dieser Periode den ganzen Tag beschäftigt, aber diese Beschäftigungen sind blofs verschiedene Formen des Müfsigganges. Friedländer nennt dieselben eben geschäftigen Müfsiggang.

Sodann suchte man in den höheren Kreisen sich so viel als möglich von persönlichen Anstrengungen und Bemühungen, auch geistigen, durch Übertragung auf Sklaven zu befreien. „Das römische Haus war eine Maschine, in der dem Herrn auch die geistigen Kräfte eines Sklaven und Freigelassenen zuwuchsen; ein Herr, der diese zu regieren verstand, arbeitete gleichsam mit unzähligen Geistern[2].“ „Nicht nur diktierte man Sekretären und Stenographen und liefs sich vorlesen, man hatte wahrscheinlich auch Studiensklaven, die für ihren Herrn lasen, Notizen, Auszüge, Vorarbeiten und Untersuchungen aller Art anfertigten[3].“

Das Streben, so wenig als möglich zu thun, ja zu denken, wurde bis zur Lächerlichkeit übertrieben. „Man wälzte nicht blofs die Mühe des Behaltens der Namen von Klienten und Anhängern auf das Gedächtnis der Nomenklatoren ab, nein, es gab auch Leute, die sich erinnern liefsen, um welche Zeit sie ins Bad, wann sie zur Tafel gehen sollten. Sie sind, sagt Seneca, so völlig erschlafft, dafs es sie zu viel Anstrengung kostet, sich bewufst zu werden, ob sie Hunger haben[4]!“ Die Leidenschaft für Gladiatoren und Rennpferde erfüllte die Gemüter so völlig, dafs sie keinen Raum für edlere Bildung liefs.

„Selbst die Aufregung blutiger Gefechte und die märchenhafteste Pracht der Scenerie reichte zuletzt nicht mehr hin, die abgestumpften Nerven des vornehmen und niederen Pöbels zu reizen; das Seltsamste mufste erdacht werden, das Unsinnigste und Widernatürlichste hervorgebracht werden, um dem kannibalischen Schauspiel neue Würze zu geben.

---

[1] Roscher charakterisiert diese Periode folgendermafsen: Auf unbedeutende Genüsse werden enorme Kosten verwandt, ja, die Kostspieligkeit der Konsumtion ist Selbstzweck. Unnatur und Verweichlichung treten an die Stelle der Schönheit und des Lebensgenusses. A. a. O. I, § 232.

[2] Friedländer a. a. O. Bd. I. S. 271 ff. Vergl. Mommsen, Röm. Gesch. III 2. S. 469. „Die Zahl derer, die ihr Leben in Begehung unnützer Förmlichkeiten, in Bezeugung leerer Höflichkeiten verbrachten, war schon zu Anfang der Kaiserzeit unverhältnismäfsig grofs.“

[3] Friedländer a. a. O. Bd. III. S. 88—89.

[4] Friedländer a. a. O. I. Tl. S. 291 ff.

Domitian gab Tierhetzen und Gladiatorenspiele bei Nacht, und die Schwerter blitzten beim Schein von Lampen und Kandelabern etc. etc.[1]."

Es trat also eine vollständige Sättigung der Bedürfnisse in den herrschenden Gesellschaftsschichten ein.

Und wie wirkte diese Übersättigung auf die niederen Stände, hauptsächlich auf die produktiven Klassen? Diese wurden überfüllt, die Lage der Sklaven verschlimmerte sich, ihr Leben wurde wertlos. Die Zahl der unproduktiven Mitglieder der Gesellschaft mehrte sich von Jahr zu Jahr. Bücher bringt eine sehr merkwürdige Schilderung des Lebens innerhalb einer einzigen grofsen Hauswirtschaft.

„Die ganze unfreie Arbeiterschaft zerfiel in zwei Gruppen: in die familia rusticana, den produktiven Teil der Wirtschaft und in die familia urbana, den unproduktiven Teil des Hauses. Hier finden wir eine ganze Masse von Funktionen, die überhaupt nutzlos, sogar sinnlos sind. So haben wir in der Küche eine grofse Schar von Köchen, Heizern, Brot-, Kuchen- und Pastetenbäckern; besondere Tafeldecker, Vorschneider, Vorkoster etc. Für den gewöhnlichen Dienst des Herrn sind angestellt: ein Ceremonienmeister, verschiedene Kammerdiener, Badewärter, Salber, Abreiber, Leibchirurgen, Ärzte für jedes Körperglied, Bartscherer etc. Man hält sich einen Gelehrten und Philosophen zum Hausgebrauch[2]." „Zeigt sich der Herr in der Öffentlichkeit, so schreitet ihm eine grofse Schar Sklaven voran (antenubulones), eine andere folgt ihm (pedisequi). Der Nomenklator nennt ihm die Namen der Begegnenden, die begrüfst sein wollen etc etc.[3]."

„In der angeblichen Mehrzahl der Bevölkerung Roms, die man als den dritten Stand bezeichnen kann, war das Proletariat ohne Zweifel weit überwiegend, dessen Existenz sich um Brot und Schauspiele drehte, und das durch eine, infolge dieser so reichlich gewährten Vorteile unaufhörlich zuströmende Einwanderung aus den Provinzen sich immer neu ergänzte. Dagegen war die Zahl der ebenfalls diesem Stande angehörenden Handwerker, Industriellen und Kleinhändler verhältnismäfsig beschränkt, nicht blofs weil die wohlfeile Sklavenarbeit dem Erwerb der Freien .... eine Konkurrenz machte, sondern auch, weil die Getreideausteilungen selbst den Ärmsten in den Stand setzten, ganz ohne oder fast ohne Arbeit zu leben[4]."

---

[1] Friedländer a. a. O. I. Tl. S. 335 ff.

[2] Der Sklavenluxus bestand teils in der Unterhaltung nutzloser Sklaven zu Luxuszwecken, teils in der Verschwendung der Arbeitskraft, namentlich durch eine bis zum Übermafs getriebene Arbeitsteilung, wobei auch geringfügige Dienste durch besondere Sklaven versehen wurden," Friedländer a. a. O. III. Teil. S. 87–88.

[3] Bücher a. a. O. S. 70—72.

[4] Friedländer a. a. O. II. Tl. S. 217.

„Selbst wenig begüterte Geschäftsleute mufsten um ihres Kredits willen eine Anzahl Klienten halten, die ihre Tragsessel umgaben, und so wurde der Zudrang zur Klientel . . . . bei der entschiedenen Abneigung der Römer gegen den kleinen, ehrlichen Erwerb immer gröfser. Ihr Dienst war: Morgenbesuch, Gefolgeleistung bei öffentlichem Erscheinen ihres Herrn etc. etc.[1]."

In der Verfallszeit des römischen Kaiserreichs hat eben die Entwicklung der antiken Kultur ihre höchstmögliche Grenze erreicht. Die socialen und wirtschaftlichen Abhängigkeitsverhältnisse innerhalb des römischen Staates, die auf der Sklaverei basierten, wurden nun zu Fesseln der socialen Evolution, das socialökonomische Gleichgewicht wurde aufgehoben, die gesellschaftliche Arbeitskraft und die gesellschaftlichen Bedürfnisse konnten sich nicht mehr einander anpassen, es entstand Überflufs in den höheren Schichten, eine relative Übervölkerung in den produktiven Klassen, — und der römische Staat konnte sich nicht mehr halten: er mufste zusammenstürzen.

Dagegen sehen wir in der Geschichte Europas, dafs die fortgeschrittensten Länder desselben, als ihre mittelalterliche Organisation nicht mehr mit dem produktiven Fortschritt übereinstimmte, in sich selbst die Kraft fanden, zu einer höheren Ordnung, und zwar zu der kapitalistischen, überzugehen.

Man mufs also die Sättigung des Gesamtbedarfs der höheren Volksschichten von der Sättigung irgend eines konkreten Bedürfnisses unterscheiden. Im ersten Falle entsteht eine dauerhafte relative Übervölkerung, eine allgemeine, immer stärker sich fühlbar machende sociale Stagnation, und demgemäfs entsteht eine immer mehr umsichgreifende Not und Armut, immer stärker werdende Unzufriedenheit der Massen, die von den höheren Kreisen mit Verachtung und Knebelung des Volkswillens oder richtiger des Volksunwillens beantwortet wird[2]. Die Bevölkerung vermindert sich, ganze Distrikte werden entvölkert, die Arbeit ruht in der Stadt und auf dem Lande. Die obere Grenze steigt nicht mehr, es wird blofs der unsinnigste Luxus

---

[1] Bezüglich des Verfalls Roms bemerkt Carey: „Solange die einander entgegenwirkenden Kräfte im Gleichgewicht waren, lieferte Italien der Welt Männer; aber in seinem Niedergange brachte es nur Sklaven hervor, Sklaven im Bettlergewande oder im kaiserlichen Purpur." Einheit des Gesetzes. Kap. III. S. 84.

[2] Nietzsche meint, dafs die manchmal eintretende „Entartung" der Gesellschaft, die durch die Abwendung des Willens von Leben, von Macht, charakterisiert wird, auf den Niedergang aristokratischer Wertschätzungen, auf den Einflufs der Sklavenmoral und des Plebeismus zurückzuführen sei. Thatsächlich übersieht Nietzsche, dafs zu solchen Zeiten die aristokratischen Wertschätzungen den höchsten Grad erreichen, dafs gerade der demokratische Zug in der Kultur auch den aristokratischen Kreisen Existenzfähigkeit verleiht. Vergl. Generalogie S. 9, 10, 20, 29. 36, 38, 147, 155 ff.

getrieben, aber die unterste Grenze sinkt entschieden immer mehr, und dies ist das beste Zeichen des anormalen socialökonomischen Zustandes der Gesellschaft.

Dagegen würde die Sättigung eines konkreten Bedürfnisses nur eine vorübergehende und teilweise relative Übervölkerung zur Folge haben, die aber mit der Entstehung neuer Bedürfnisse, — und die Sättigung eines konkreten Bedürfnisses giebt ja den Anstofs zur Erfindung neuer Bedürfnisse — sofort verschwindet. Die obere Grenze steigt dann ungehindert nach oben, und ihr parallel bewegt sich auch die untere Grenze aufwärts, und die materielle wie die geistige Lage der niederen, wie der mittleren Stände bessert sich erheblich. Die unteren, abgesonderten Klassen eignen sich die höheren Bedürfnisse an, die Arbeitsteilung schreitet vorwärts [1], das Streben nach socialer Macht zeigt sich in sämtlichen Klassen der Bevölkerung und äufsert sich sehr intensiv; der Kampf der verschiedenen Klassen um die Aufrechterhaltung, resp. Entfaltung ihrer Machtsphäre und ihres Einflusses ruht und rastet nicht, aber dies alles geschieht innerhalb der bestehenden Ordnung, die Bestrebungen aller Klassen sind auf Erlangung möglichst guter Positionen innerhalb gegebener socialer Organisation, aber nicht auf den Sturz derselben gerichtet. In der Seele der Massen regen und bewegen sich auch dann tausend unbefriedigte Wünsche, aber diese unbefriedigten Wünsche, das Streben nach einer höheren, feineren Lebenshaltung, sind der beste Beweis für eine gesunde, progressive Entwicklung des Staates. Der Umsturz der Gesellschaft ist gerade dann eine Sache der Unmöglichkeit. In diesem Zustande befindet sich noch jetzt scheinbar ein Teil der europäischen Staaten (wie lange dieser Zustand dauern werde, ist eine andere Frage, auf die wir hier nicht eingehen können). So giebt z. B. Wolfgang Heine, obwohl kein Anhänger des heutigen Staates, zu, — in einem objektiv und sachgemäfs geschriebenen Artikel über die Bernsteinfrage [2] —, dafs „die Verbesserung des Einkommens in weiten Schichten des Volkes, die Erhöhung der durchschnittlichen Lebenshaltung, die Verwendung immer gröfserer Beträge für Luxus- und Bildungszwecke in der Arbeiterschaft Thatsachen seien, die sich ohne statistische Belegung jedem aufdrängen“, und schliefst daraus, dafs die Arbeiterschaft in dieser ihrer Lage für einen Umsturzkampf sich niemals hergeben würde [3].

---

[1] K. Bücher nimmt an, dafs die Zahl der verschiedenen Arbeitsarten in Deutschland zur Zeit bis auf 10 000 zu schätzen sei. A. a. O. S. 327.

[2] Die Bernsteinfrage und die politische Praxis der Socialdemokratie in „Socialistische Monatshefte.“ Oktober 1899. S. 484 ff.

[3] Einige socialistische Ideologen, die von einer allmählichen Aushöhlung des Kapitalismus sprechen, stützen sich, zur Zeit wenigstens, darauf, dafs die Bedürfnisse der Arbeiterklasse mit dem Mafse ihrer besseren Befriedigung erst recht steigen. Dies beruht auf einer verkehrten

„Was aber das arbeitende Volk anbelangt, — meint W. Heine — so hat es in der That und sehr begreiflicher Weise für die einzelnen, ihm nahe liegenden, unmittelbar greifbaren Verbesserungen seines Loses: Beschränkung der Arbeitszeit, Erhöhung des Lohnes etc. etc. weit mehr Sinn und Verständnis, als für einen seinen bisherigen Überlieferungen direkt widerspechenden Umsturzkampf, dessen Ausgang in keinem Falle sicher scheint, und dessen Folgen für die Verbesserung seines Schicksals ihm nichts weniger als klar sind."

Selbst die Lage der Sklaven war nicht immer so hoffnungslos, wie manche unter uns es anzunehmen pflegen. In einer Zeit, wo das ökonomische Gleichgewicht innerhalb der auf Sklaverei beruhenden Gesellschaften nicht aufgehoben war, wo die Bedürfnisse sowohl der höheren, wie auch der niederen Stände, die Sklaven mit inbegriffen, sich in fortwährender Steigerung befanden, war auch die Arbeit der Sklaven nützlich und erwünscht, daher auch die sociale Lage der Sklaven eine relativ günstige.

„Ein zweiter Fortschritt" — sagt Roscher — „welchen das Hirtenleben gegen das Jägerleben bildet, beruht auf der Möglichkeit, die Kriegsgefangenen als Sklaven zu halten. Aber die Lage dieser Sklaven war mild[1]."

Mit anderen Worten: jede entwicklungsfähige Gesellschaft befindet sich, wie Dühring sich treffend ausdrückt, in einem Zustande „des beweglichen Gleichgewichtes", d. h. sie hat zu ihrer Grundlage zwar ungleiche politische und wirtschaftliche Abhängigkeitsverhältnisse, aber solcher Art, dafs sie sowohl die Entwicklung der Bedürfnisse, als auch die Vervollkommnung der geistigen und materiellen Thätigkeit sämtlicher Mitglieder der Gesellschaft zur socialen Notwendigkeit macht. Umgekehrt verliert jede Gesellschaft ihre Entwicklungsfähigkeit, sobald ihre socialrechtliche und wirtschaftliche Organisation das socialökonomische Gleichgewickt, die Anpassung der

---

Auffassung vom Wesen der Bedürfnisse. Ein Bedürfnis, das noch nicht befriedigt worden ist, ist kein Bedürfnis. Alle die schönen Wünsche, die das Volk, durch dies Leben der höheren Klassen angespornt, scheinbar sehr gern erfüllt haben möchte, sind thatsächlich potentielle, psychische Zustände, die sich erst im Falle der mehrmaligen Befriedigung in reale, den Willen bewegende Bedürfnisse umwandeln. Einstweilen drücken sie blofs das sociale Streben nach Gleichstellung mit den höheren Ständen aus, das aber auch mit einer teilweisen Erfüllung zufriedengestellt ist, und niemals werden die wachsenden Bedürfnisse einen Anstofs zum Umsturzkampf geben. Vergl. Protokoll des socialdem. Parteitag 1899. Davids Rede S. 127—143. Vergl. R. Luxenburg, Socialreform oder Revolution?

[1] A. a. O. Bd. II. Kap. 2. Vergl. auch Spencer, Psychologie Bd. II. § 516 f. Vergl. auch Engels. Anti-Dühring. S. 188—190. Gumplowicz a. a. O. S. 113—138 f. Lippert a. a. O. S. 100—125. Peschel a. a. O. S. 236—243. Fr. A. Lange, Die Arbeiterfrage. S. 64—72.

gesellschaftlichen Produktion an die gesellschaftliche Konsumtion völlig aufhebt, indem die allzuhoch entwickelte Centralisierung der politischen und wirtschaftlichen Macht die Bedürfnisse der höheren Klassen über die natürliche Grenze ihrer Entwicklungsfähigkeit hinaufschraubt und ihnen dadurch eine unnatürliche, blofs auf Vergeudung der Arbeit gerichtete Form verleiht.

Dafs jede konkrete Form der socialen Ungleichheit, jede bestimmte ungleiche Verteilung der wirtschaftlichen und socialen Abhängigkeitsverhältnisse schliefslich auf irgend einem Punkt ihrer Entwicklung, aus einer die produktiven Kräfte der Gesellschaft fördernden in eine hemmende sich verwandelt und dadurch ihre Existenzberechtigung verliert, hat Marx deutlich in folgendem Satze formuliert:

„Auf einer gewissen Stufe ihrer Entwicklung — sagt Marx [1] — geraten die materiellen Produktivkräfte der Gesellschaft in Widerspruch mit den vorhandenen Produktionsverhältnissen, oder, was nur ein juristischer Ausdruck dafür ist, mit den Eigentumsverhältnissen, innerhalb deren sie sich bisher bewegt hatten. Aus Entwicklungsformen schlagen diese Verhältnisse in Fesseln derselben um. Es tritt dann eine Epoche der Revolution ein .... Eine gesellschaftliche Formation geht nie unter, bevor alle Produktivkräfte entwickelt sind, für die sie weit genug ist, und neue Produktionsverhältnisse treten nie an die Stelle, bevor die materiellen Existenzbedingungen derselben im Schofse der alten Gesellschaft selbst ausgebrütet sind."

Sieht man in dieser Formulierung von einzelnen unglücklich gewählten Ausdrücken ab, so enthält dieselbe den richtigen Gedanken, dafs das social-ökonomische Gleichgewicht in jeder bestimmten kulturhistorischen Periode die ihm völlig entsprechende bestimmte Form der socialen Abhängigkeitsverhältnisse annimmt, durch welche allein der sociale Fortschritt ermöglicht wird [2].

Aber auch die neue Gesellschaftsorganisation kann nur eine

---

[1] Zur Kritik der politischen Ökonomie. Vorwort.

[2] Bei objektiver Betrachtung wird aus diesem Satze in keinem Falle zu folgern sein, dafs die Produktivkräfte, geschweige denn die materiellen Existenzbedingungen, als Ursache jeder socialen Evolution zu betrachten seien. Im Gegenteil würde aus diesem Satz der Schlufs sich rechtfertigen, dafs die gesellschaftlichen Produktionskräfte und Produktionsverhältnisse sich in beständiger Wechselwirkung befinden und sich gegenseitig bedingen. Die jeweilige Aufhebung des ökonomischen Gleichgewichts wird sowohl durch die Produktivkräfte wie auch durch die sociale Rechtsordnung bewirkt und läfst sich nie auf den einen oder den anderen der beiden Faktoren zurückführen. Die einseitige Betonung der Wirkung der Produktivkräfte, die besonders von Engels mit äufserster Schärfe hervorgehoben wird, hat den richtigen Sinn dieses Grundsatzes vollständig entstellt. Vergl. Engels a. a. O. S. 286. Bernstein a. a. O. S. 4—14. Kautsky a. a. O. S. 16—19.

neue Form der gesellschaftlichen Ungleichheit, eine neue Regulierung der ungleichen politischen, rechtlichen und wirtschaftlichen Abhängigkeitsverhältnisse, eine gewisse Verschiebung der Machtstellung der verschiedenen gesellschaftlichen Klassen, wie auch eine Änderung des socialen und wirtschaftlichen Charakters dieser Klassen hervorbringen, ohne jedoch die sociale Differenzierung selbst aufzuheben, die, wie wir schon gesehen haben, eine notwendige Bedingung jedes socialen Fortschrittes überhaupt, sowohl im wirtschaftlichen, wie im kulturellen Sinne ist[1].

Dabei aber darf nicht vergessen werden, dafs der von Zeit zu Zeit in der Kulturgeschichte der Menschheit eintretende Konflikt zwischen den produktiven Kräften der Gesellschaft und der jeweiligen socialen Organisation derselben in keinem Falle eine Imagination ist, welche die durch die Hegelsche Dialektik beeinflufste philosophische Konstruktion erfand, sondern eine reale Erscheinung, die tief im Wesen der menschlichen Natur und dem eigentümlichen Charakter der socialen Ungleichheit ihren letzten Grund hat. Leider konnte selbst Marx, der durch seine richtige Auffassung der Grundbedingung jeder socialen Umwälzung und Formulierung dieser Auffassung in dem obenerwähnten Grundsatze der socialen Evolution, dem utopischen Socialismus, den Gnadenstofs gegeben hat, sich von der ideologischen Betrachtungsweise der socialen Erscheinungen nicht vollständig befreien, was ihn verleitete, das von ihm richtig erkannte Grundprincip der socialen Entwicklung so zu modificieren, dafs das utopische Gleichheitsideal, das er in seine wissenschaftlichen Untersuchungen hinübernahm, keine Einbufse erleiden sollte. Dadurch entging diesem genialen Denker die richtige Einsicht in das Wesen der socialen Ungleichheit, er unterliefs es, sowohl die Ursache ihrer Entstehung, wie auch die Art der Wirkung derselben auf die Entwicklung der menschlichen Bedürfnisse und Vervollkommnung der menschlichen Arbeitsleistungen näher zu analysieren und glaubte, die sociale Notwendigkeit der Ungleichheit durch den relativ niederen Produktivitätsgrad der menschlichen Arbeit begründen zu können. Er teilte daher die geschichtliche Entwicklung der Menschheit in zwei, nach seiner Auffassung, wesentlich verschiedene Entwicklungsperioden, die eigentlich vorgeschichtliche Zeit, die fast die ganze geschichtliche Vergangenheit bis auf die Gegenwart

[1] „Recht und Unrecht sind Begriffe, die von keiner Zeit gewandelt werden, vielmehr gesondert mafsgebend über alle Zeit und Geschichte walten. Nichts destoweniger verwerfen wir die thörichten Gleichheitsideen, welche darauf hinauslaufen, den gegliederten socialen Körper als einen losen Sandhaufen sich vorzustellen und jede Unterordnung und Überordnung zu leugnen. Das Verhältnis von Herrschaft und Beherrschung kann in keinem Gebiete des Lebens jemals aufhören, und nur die Formen der Überordnung und Leitung ändern sich.“ Dühring a. a. O. S. 309.

umfaſst und, mit Ausnahme der primitiven kommunistischen Gesellschaft, die sociale Ungleichheit zu einer notwendigen Voraussetzung ihrer Entwicklung hat[1], und die eigentliche geschichtliche Zeit, die erst mit der Verwirklichung des socialistischen Zukunftsstaates ihren Anfang nehmen wird. Dadurch erfuhr sein Grundprincip der socialen Evolution eine wesentliche Beschränkung, die fast einer vollen Aufhebung gleichkommt, da es durch diese Einschränkung eine Allgemeingültigkeit, ein wesentliches Merkmal jedes allgemeinen Erklärungsprincips verliert.

Thatsächlich beruht aber diese Modifikation des Grundsatzes auf einem vollständig verfehlten methodologischen Verfahren, auſserdem folgt die sociale Notwendigkeit der Ungleichheit nicht aus der relativen Unproduktivität der Arbeit, sondern hat in dem jedem Menschen auf jeder Stufe der Entwicklung eigenartigen Streben nach socialer Macht ihren Grund, ein Streben, welches aber eine unbedingt notwendige Bedingung der Entstehung neuer Bedürfnisse und Vervollkommnung der menschlichen Thätigkeit bildet. Mit der Aufhebung der socialen Differenzierung, mit der Beseitigung der verschiedenen socialen Machtstellungen der einzelnen Gruppen innerhalb der Gesellschaft, wird auch die einzig mögliche Bedingung jedes socialen Fortschrittes aufgehoben.

Allerdings hatte Marx durch die im „Kapital" mit solchem Scharfsinn durchgeführte Theorie der relativen Übervölkerung und der allgemeinen Krise sich mehr dem wahren Sinne des socialen Entwicklungsprincips genähert, besonders dort, wo er die Ursachen der Krisen direkt mit den Bedürfnissen in Zusammenhang bringt. Da aber Marx hauptsächlich die kapitalistische Übervölkerung und die kapitalistische Wirtschaftskrise ins Auge faſst, auſserdem von dem ideologischen Wunsche geleitet wird, die Notwendigkeit des Socialismus zu beweisen, so sieht er sich wiederum veranlaſst, die Gültigkeit des Übervölkerungsgesetzes einzuschränken, und glaubt schlieſslich, die Notwendigkeit einer relativen Übervölkerung innerhalb der kapitalistischen Gesellschaft bloſs aus den kapitalistischen Produktionsverhältnissen ableiten zu können; er sieht daher von dem Gesetze der Bedürfnisentwicklung ab und bringt dadurch seine für die sociale Ökonomie so wichtige Übervölkerungslehre ins

---

[1] „Die bürgerlichen Produktionsverhältnisse sind die letzte antagonistische Form des gesellschaftlichen Produktionsprozesses . . . . aber die im Schoſse der bürgerlichen Gesellschaft sich entwickelnden Produktivkräfte schaffen zugleich die materiellen Bedingungen zur Lösung dieses Antagonismus. Mit dieser Gesellschaftsform schlieſst daher die Vorgeschichte der menschlichen Geschichte ab." Marx, Zur Kritik. Vorwort. Vergl. auch: Das kommunistische Manifest.

Schwanken[1]. Dies sah wenigstens ein Teil seiner Nachfolger ein, daraus erklärt sich der Ruf nach Reformierung der sogenannten materialistischen Geschichtsauffassung, der im Lager der jüngeren Marxisten in der letzten Zeit vernehmbar ist[2].

Sieht man aber von den durch die Überreste des von Marx selbst verurteilten socialistischen Utopismus bedingten Irrtümern ab, so bleibt doch die Lehre Marx' von der relativen Übervölkerung für die social-ökonomische Disciplin eine der bedeutendsten, vielleicht die bedeutendste Errungenschaft dieser Wissenschaft. Bis auf Marx wurde fast überall in der socialökonomischen Wissenschaft das an sich in gewisser Beziehung nicht unrichtige Gesetz der absoluten Übervölkerung von Malthus auch als Erklärungsprincip des menschlichen Fortschrittes, also auch der Verfeinerung, Vermehrung etc. der gesellschaftlichen Bedürfnisse, angewandt, was entschieden unzutreffend war, da die absolute Not, bedingt durch die absolute Übervölkerung, gerade der Entstehung neuer Bedürfnisse, wie überhaupt jedem Fortschritt wirtschaftlicher und kultureller Natur hindernd im Wege steht[3]. In der neueren Zeit ver-

---

[1] Vergl. Das Kapital. 4. Aufl. I. S. 593--613 und f. S. 679-729. Allerdings spricht sich Marx deutlich dahin aus, dafs der Ersatz des in Produktion angelegten Kapitales gröfstenteils von der Konsumtionsfähigkeit der nicht produktiven Klassen abhängt (III, 2. S. 21 ff.); auch in dem II. Band betont er einige Male die Sättigung der Bedürfnisse als Grund der wirtschaftlichen Krisen, führt aber diesen Gedanken nicht konsequent durch, und es fehlen auch nicht solche Erklärungen der Krisen, wo die Bedürfnisse völlig aufser acht gelassen werden. Vergl. Kap. II. 1892. S. 385-386, auch S. 161-172.

[2] Ganz richtig hat Lotze die sociale Notwendigkeit jeder gesellschaftlichen Umwälzung in folgenden Satz gefafst: „Zu dem letzteren Versuche — d. h. zur Umgestaltung der bestehenden Ordnung — sagt Lotze — wird die Gesellschaft sich berechtigt fühlen, wenn sie selbst als „Ganzes" von ihren unpassend gewordenen Einrichtungen leidet. Und allerdings würde es ein blofser Formendienst sein, eine bestehende Ordnung im Widerstreit mit den Bedürfnissen der Gesamtheit aufrecht halten zu wollen." Mikrokosmus. 2. Bd. S. 444.

[3] Bezüglich der Malthus'schen Übervölkerungstheorie vergl. Malthus, Versuch über die Bedingungen und die Folgen der Volksvermehrung (übersetzt von Hegewisch). Altona 1807. Schon der Titel des Buches beweist zur Genüge, dafs Malthus blofs die Ursachen der Not und Armut, nicht aber des menschlichen Fortschrittes untersuchen wollte. Diesen Gedanken spricht Malthus im I. Kap. des ersten Teiles ganz deutlich aus. Die weitere Auseinandersetzung des Grundgedankens gab trotzdem manchen Anhängern von Malthus Veranlassung, die absolute Übervölkerung als Erklärungsprincip für die sociale Entwicklung gelten zu lassen. (Vergl. I. Tl. Kap. 1-2.) Vergl. G. Rümelin, Reden und Aufsätze I. (1875.) S. 310 ff., der ganz ausdrücklich die Unvereinbarkeit der Malthus'schen Theorie mit der Thatsache des gesellschaftlichen Fortschrittes betont. Vergl. auch Rümelin II. 1881. S. 568 ff. Vergl. auch Fr. Albert Lange, J. St. Mills Ansichten über die sociale Frage. 1866. S. 30—52, ferner S. 195 ff. J. St. Mill sucht die Lehre Malthus' zu modifizieren (a. a. O. Bd. I. S. 143—225), ohne jedoch auf die Idee der relativen Übervölkerung zu kommen.

fielen sodann einige social-ökonomische Gelehrte, welche die Unvereinbarkeit einer absoluten Übervölkerung mit einer wirklichen socialen Evolution erkannten, in ein anderes Extrem und setzten die Lehre von der absoluten Überproduktion, von der beständigen, relativ rascheren Vermehrung der Lebensmittel im Vergleich mit dem Wachstum der Bevölkerung, an die Stelle der Malthus'schen Theorie, welche neue Lehre aber mit dem wirklichen Verlauf der Dinge in der Geschichte, besonders aber mit der geschichtlich feststehenden Thatsache, dafs zu allen Zeiten Not und Armut überall entstanden ist, wenn auch in verschiedenen Graden der Intensität und Ausdehnung, sich in keinem Falle vereinigen läfst[1] [2].

Im Gegensatz hierzu giebt uns Marx durch seine Theorie der relativen Übervölkerung ein umfassendes Erklärungsprincip sowohl für die sociale Überproduktion, wie auch für die sociale Not, da nach dieser Theorie die Überproduktion einerseits und die Übervölkerung andererseits nicht in absolutem, sondern in relativem Sinne aufzufassen ist, weil beide zugleich nur der gegebenen Gesellschaftsorganisation ihre Existenz verdanken und zu gleicher Zeit auch sich gegenseitig bedingen, da Mangel und Not eines Teils der arbeitenden Bevölkerung aus dem Überflufs des anderen Teiles folgen und umgekehrt. Damit aber bringt Marx das Grundprincip der socialen Evolution in Einklang mit dem Relativitätsprincip, das in der Methodologie der Natur- und Socialwissenschaft als leitendes Princip jeder wissenschaftlichen Forschung anerkannt ist.

Das socialökonomische Grundgesetz würde gemäfs unseren letzten Auseinandersetzungen folgendermafsen lauten:

Die Entwicklung der menschlichen Bedürfnisse, wie überhaupt die ganze gesellschaftliche Evolution ist durch fort-

---

[1] H. C. Carey sucht zu beweisen, dafs die Bevölkerungsvermehrung und Bevölkerungsverdichtung gerade eine notwendige Bedingung des Fortschrittes ist, weil dieselbe erst eine erweiterte Arbeitsteilung ermöglicht. Daher kann nach seiner Auffassung die Bevölkerungsvermehrung keine Ursache der Not und Armut sein. „Soll die Associationskraft wachsen, soll vermehrte Bewegung, begleitet von zunehmender Befähigung, die Kräfte der Natur zu beherrschen, unter den Menschen eintreten, so mufs auch eine Zunahme der Anzahl, die einen gegebenen Raum einnehmen, Platz greifen, oder mit anderen Worten: „Die Bevölkerung mufs an Dichtigkeit zunehmen.“ Grundlage der Socialwissenschaft. Bd. I. S. 78. Siehe auch Kapitel 3—4. Vergl. auch Dühring a. a. O. S. 171—203.

[2] Sehr interessant sind die Einwendungen, die G. Tarde gegen das Malthus'sche Übervölkerungsgesetz vorbringt. Er weist darauf hin, dafs der natürliche Fortpflanzungstrieb in der menschlichen Seele mit anderen Trieben, socialer und ästhetischer Natur verknüpft ist, weshalb auch dieser natürliche Trieb wesentlich von socialen und ästhetischen Momenten so beeinflufst werde, dafs wir für die Art seiner Wirkung in der menschlichen Gesellschaft kein eigentliches Naturgesetz, sondern ein sociales Gesetz aufstellen müssen. Dieser Forderung entspricht das Gesetz der relativen Übervölkerung. Vergleiche G. Tarde a. a. O. Chap. IV. p. 132—133.

währende Aufhebung und Wiederherstellung des socialökonomischen Gleichgewichts bedingt. Diese fortwährende Bewegung des socialökonomischen Gleichgewichtes ist ihrerseits durch das Streben nach Macht bedingt, das nicht nur in dem Streben nach Vervollkommnung der Bedürfnisse und der zu ihrer Befriedigung nötigen Arbeitsverrichtungen sich zeigt, sondern auch die für die Entwicklung der menschlichen Bedürfnisse und Thätigkeiten notwendige sociale Grundlage, die sociale Differenzierung, selbst schafft.

Daraus folgt:

Erstens, dafs die sociale ungleiche Differenzirung eine notwendige, mithin auch allgemein gültige Voraussetzung jeder socialen Evolution ist.

Zweitens aber, dafs sich die Form dieser Differenzierung welche als geschichtliche Basis jeder geschichtlich und räumlich bestimmten, socialen Organisation auftritt, fortwährend ändert; da jede bestimmte Gesellschaftsorganisation sich aus einer fördernden Form der socialen Evolution in eine Fessel derselben verwandelt.

Die verschiedenen, einander ablösenden Organisationen ändern beständig sowohl den Charakter und die Existenzbedingungen der einzelnen gesellschaftlichen Klassen, wie auch den Charakter ihrer Beziehungen zu einander, wodurch fortwährend relativ bessere, edlere Existenzbedingungen für sämtliche Mitglieder jeder Gesellschaft entstehen.

Und immer tritt das Streben nach socialer Macht dem Menschen bei allen seinen fortschrittlichen Bestrebungen hilfreich zur Seite!

* * *

Zum Schlufs möchte ich mir noch eine kleine Bemerkung erlauben.

Das Problem der Bedürfnisentwicklung hängt mit vielen anderen vielumstrittenen Fragen des socialen Lebens so eng zusammen, dafs eine irgendwie genügende Lösung dieses Problems eine umfassende und eingehende Betrachtung sämtlicher socialer Erscheinungen fordert. Ich weifs sehr wohl, dafs eine solche Aufgabe eine sehr schwierige ist, hoffe aber, dafs sie bald von berufener Seite gelöst wird, und würde mich glücklich schätzen, wenn diese meine bescheidene Arbeit eine Anregung zu einer tieferen und allseitigen Lösung des Problems der Bedürfnisentwicklung geben sollte.